やさしい
トランス療法

中島 央

著

遠見書房

はじめに

　この本の企画を考えたのは，もうかれこれ5年以上前になります。当初は，催眠の本をとも思ったのですが，もうすでに催眠誘導を使った催眠は臨床でも研修でもほとんどやっておらず，「催眠をつかわないトランスの本」という企画で書き始めたのを覚えています。

　僕は筆不精ですので，また，自分がやっていることの芯のようなところをうまく言語化できていなかったせいか，作業はとても難航しました。「あーでもない，こーでもない」の連続で，うまくまとまらず，少し書いては書き直す，ということの繰り返しでした。今回の本は本当にベーシックなところで，今まで感覚的にすませていたところも多く，そのあたりのところを言語化するのは骨の折れる作業でした。

　そのようなとき，昨年はじめと，今年の春に2回も大病をして入院するという事態に見舞われました。大病とはいえ，回復期は実にヒマなもので，この本の第1章は，今年の入院中に書き上げたものです。怪我の功名とはよくいったもので，それから苦労しながらも全体を一気に書き上げることができました（とはいっても数カ月かかりましたが）。まあなんと言っていいのか。

　しかしながら書き上げてみると，我ながら気持ちのいいもので，執筆中の苦悩はどこへやらという感じで，なかなかな気分で原稿を眺めています。

僕は自他共に認める大のミルトン・エリクソン（以下，エリクソンと記します）好きで，もうエリクソンがフェニックスで開業した年齢を5歳も超えてしまって，大病で入院もしたし，やっぱり田舎で開業だ，と今，九州の地元で，クリニック開設の準備をしているほどです。平均寿命がエリクソンの当時より伸びているので5歳くらい開業が遅れてしまってもいいか，とか，やっぱりエリクソン＋10歳以上は生きたいなとか，他愛もないことを考えています。

そんな僕が書いた本ですから，エリクソンの解説本になったかというと，そうではありません。エリクソンの影響を強くうけつつ，この15年僕が僕なりの考え方で臨床を組み立ててきた，その基礎となるところをまとめたものになっています。

僕がずっと意識していたのは「日本語」で臨床をやっているということです。サイコセラピーや催眠は，主として英語圏で組み立てられたもので，エリクソンの臨床も例外ではありません。この本で登場する，ユーティライゼーション，アナロジー，暗示などの手法（僕は「技法」という言葉自体外来語的だと思いますので使いません）も，そのなりたちや根本から考え直す必要がありました。例えば，暗示の構文にしたって，暗示を含む言葉が「最初にくる」英語と，「最後にくる」日本語は，全く違うでしょう？同じ構文でも，英語では暗示，日本語では教示というふうになってしまうのでたいへんでした。そのようなことで，エリクソンのやっていることの「結果」ではなく，「意図」を想像（妄想）することが，僕のトレーニングになりました。

幸い僕は，英語は文盲に近いので，日本語を深めて考えることしかできませんでした。僕らが使う日本語は，とても多義的で，曖昧で，僕から言わせるとサイコセラピーにもってこいの言語です。ただ，言葉を強く定義するには英語の方が向いていると思います。

ですから，この本ではキーワードには英単語を，表現，特に動詞の部分ではひらがなを多用しています。このあたりの多義性を感じとっていただけたら幸いです。

そんな形でまとまった「やさしいトランス療法」ですが，あんまり「やさしく」ないかもですね。ただ「やさしい」には，易しい，優しい，と2つの意味があります。このタイトルをアナロジーでみると，僕の意図としては後者です。それはそのまま，エリクソンがセラピーをしたケースに対する僕の印象ですね。彼はいろんなことをしていますが，結局クライエントには「優しい」のです。

そのところを意識しながらの「やさしい」ですが，サイコセラピーを結構積んできた方にとっては，「易しい」の方がしっくりくる方もいらっしゃるでしょう。それはそれで，御自分の臨床の糧としていただければ幸いです。

そうそう，セラピストにも「優しい」という意味も含んでいますよ。

こんな感じで臨床やワークショップをやっているのが僕の日常です。ワークショップの部分で，長年僕のやっていることを支援し，場を与えてくださっている，福岡催眠研修会の松原慎先生，東日本催眠研究会の高岡美智子先生には感謝です。

あと，ひとつだけ皆さんにお伝えしておこうと思うことがあります。

それは，僕がこの本を執筆中に，けっこうな「イップス」に悩まされたことです。臨床の中で，「自分が書いたことに縛られて」，うまくセッションをできなかった（思い通りにという意味です，結果はちゃんとでています）ことが続いたことがありました。

僕は感覚的に物事を処理するタイプで，自分の感覚とか姿勢を言葉にすると，何か窮屈な感じがして臨床がうまくいかなくなる，

というのはわかっていたことなのですが,「やってもうた」という感じでした。

　トランス療法をまとめて，その通りになぞろうとするとしっくりいかない。これはエリクソンが自分の臨床から何かの法則を取りだして，理論化するのを嫌ったということにも繋がるかもしれません。彼のいう「硬直したセラピスト」になってしまいそうでした。

　エリクソンの呪いかも(笑)。そのことを考えてからなぜか気分は楽になり，いつも通りのことができるようになりました。

　ですから結果的にこの本の構成も，ほとんどすべて全て，ヒントを羅列したようなものになってしまいました。これをどう読んでいくかは皆さん次第です。

　こうなると「コツをちょっと教えて」みたいにアプローチしてくる人がいると思いますし，実際にもワークショップのときなどにそういったことに見舞われますが，それには答えないようにしていきたいと思います。コツはあくまで教える側の人だけのもので，それを「教えてもらう」ことは，セラピーが上手になる妨げになります。すべては自分でつかんでいただきたいのです。

　こういった情報を得て，やってみて，試行錯誤して自分のものに，またクライエントのためになるようにする，これがエリクソンの実験精神ですが，これこそが，僕が彼の考え方で最も重要な部分で，大事にしていきたいところだと思っています。

　最後になりましたが，この本を書くにあたって，スーパーバイズという形でさまざまな影響と支援を与えてくださった増井武士先生，そしてさまざまな助言を与えてくださった蒲生裕司先生に，この場を借りて深く感謝いたします。

　そうそう，この本の完成を気長に待っていただいた，遠見書房

の山内俊介社長にも，ひとこと。

　おまたせいたしました！

　2017 年 11 月 15 日　夜明け前の自宅にて

中島　央

目　　次

はじめに　3

第1章
トランス療法の概要── OASIS モデル

Ⅰ　自然なトランス………………………………………　13
Ⅱ　トランス療法の実際…………………………………　19
Ⅲ　トランス療法のカタチと帰結………………………　26
Ⅳ　OASIS …………………………………………………　29

第2章
観　　察

Ⅰ　観察が大事……………………………………………　35
Ⅱ　診ること………………………………………………　39
Ⅲ　観ること………………………………………………　48
Ⅳ　視ること………………………………………………　51
Ⅴ　看ることと見ること…………………………………　58

第3章
連　　想

Ⅰ　連想に関する私見……………………………………　63

Ⅱ　連想の基本……………………………………………… 66
Ⅲ　連想的会話の方法論…………………………………… 77
Ⅳ　メディアを使った連想………………………………… 81
Ⅴ　アネクドート…………………………………………… 86

第4章
混　　乱

Ⅰ　混乱と解離……………………………………………… 95
Ⅱ　混乱をおこす…………………………………………… 99

第5章
間接的であること

Ⅰ　間接的なカタチ………………………………………… 109
Ⅱ　無意識のとりあつかい………………………………… 113
Ⅲ　アナロジー……………………………………………… 119

第6章
トランス療法の帰結── Something else

Ⅰ　トランス療法の実際…………………………………… 126
Ⅱ　帰結へむかう考え方…………………………………… 136

参考文献　141

やさしいトランス療法

第1章

トランス療法の概要

OASIS モデル

I　自然なトランス

トランス状態

　皆さんはトランス状態というと，セラピストが「催眠誘導」という手法を使っておこす一種の変性意識だと認識されている方が多いと思います。それに陥ったクライエントは，その中で，年齢が退行してこどもになってしまったり，忘れていたことを思い出したり，または前世に行ってしまったりといった，通常ではできないことをやってしまうようなイメージがあるでしょう。またトランスの中では，クライエントはセラピストの命令に服従するものだというイメージも強く，嫌いなものを食べたり，犬になってしまったり，というような場面もテレビなどでみたことがあるでしょう。トランス状態で何をやるかは別として，このようなトランス状態への誘導は，「催眠」や「催眠療法」として知られています。広く学会や各種団体でトレーニングされている催眠は，基本的には，誘導→深化→解催眠というモデルをとって，トランス状態を「管理する」ことを主な目的としている手法です。

　トランス状態というのは「変性意識」ともいわれていて，日常を生きている我々の意識とは少し違った意識状態であるといわれ

ています。主に観察されるのは「没入」といわれる現象と「解離」といわれる現象です。没入は，何かに集中して他のことや周りの存在を忘れ，内的世界に没頭している現象のことを指し，解離は現実の感覚世界や意識世界から離れ，感じるべきことを感じなくなったり，記憶など意識されるべきことが意識されなくなったりする現象のことを指します。

　実はこの現象は日常生活でも体験されることというのが，とても大切な事実です。没入はわかりやすく，好きなテレビ番組や映画を見ている時，周りのことは忘れてその世界に没頭しているときなどはまさにその世界です。他にも，本に没頭する，お話に夢中になる，創作に打ち込むなど，没入はかなり多くの場面で体験されています。これがないと芸術や文化だけではなく，人間らしい豊かな生活はしぼんでしまうことでしょう。

　一方の解離は，意識こそされませんが，人間にはほぼ恒常的に存在している現象といえるでしょう。我々は，足の裏の感覚や背中の感覚を常に感じているでしょうか。また，都合の悪いことを忘れていたり，講演などで話していてまるで誰かが乗り移っているかのような感覚を持ったりすることもよい例です。スポーツの世界でも「ゾーンに入る」ということはよく使われる言葉ですね。総じてみると，全身の感覚を常に感じ，徹頭徹尾自分が自分であるという感覚を保ち続けるというのは，人間にとって不可能に近いことです。人間は解離とともに生きていると言っても過言ではありません。

　このようにトランスが治療に用いられるというのは理由があって，人間がトランス状態に置かれると，心理治療上有用なことがたくさんあるからです。トランスによって内的世界に没入していくと，さまざまな方向に連想が広がり，いままで気づかなかったことに気づいたり，発想が思わぬ方向に進んだり，違った角度から

第1章　トランス療法の概要——OASISモデル　15

物事がみえたりすることがあります。トランスにより内的世界と現実や肉体が解離すると，不安などを感じずに物事をすすめたり，痛みなどの肉体的苦痛がなくなったり和らいだりもします。さまざまな芸術的発想や神々しい宗教体験の背景にもトランスが関連しているのは明らかでしょう。ゆえに古来より，さまざまなシャーマニズムを例に出すまでもなく，もともと自然にあったトランスを人工的にコントロールしようとする営みが発生し，その中でトランスは心理的な治療に利用されてきました。

　ただ，儀式などを通じてのトランスの利用には，どうしても神や悪魔などと結びつけて考える必要があり，産業革命以降の近代から現代に時代が移行するにつれ，さまざまな問題が生じてきました。そのため，儀式は「催眠」というように現代的な体裁を整える必要があったのでしょう。そのあたりはエレンベルガーの著書『無意識の発見』（1980年，弘文堂）に詳しいので，そちらをご参照ください。

催眠とエリクソンとトランス療法と

　その流れで，トランスをコントロールする手段としての催眠は，その誘導技法を中心に現在までいろんな意味で洗練されてきました。米国ではミルトン・エリクソン（以下エリクソン）の催眠もそれに大きな影響を与え，米国臨床催眠学会（ASCH）に代表されるように，方法論としての確立がなされており現在に至っています。日本では，我が国における独自の発展も加わりながら，最近では，松木繁先生らが実践する「現代催眠」という形に結実しつつあるようです。エリクソンの催眠技法を継承しようとする流れでは，米国のエリクソン財団を中心に，それを解釈し研究する立場の人たちの手によって「エリクソニアン催眠」として体系化しています。

　これらに一貫して共通している点は，セラピストによる催眠誘

導を使ってつくりだされた／管理されたトランスは，いわば人工的なものであることに他ならない，というところにあります。そのため，現代催眠，エリクソニアン催眠等スタイルを問わず，催眠誘導によるトランスは，通常はセラピストによる厳密な管理のもとで治療的に使用されることになります。

　一方，トランス自体は日常生活の中で常に存在しているものですから，催眠誘導を使わない治療的な対話の中でも，自然なトランスがはっきりとみて取れる状況に遭遇することがあります。クライエントがセラピストとの対話や自らの話の中に没入し，「そうだったんですね」「ああバカらしい」などの洞察に「勝手に」いたってしまうことはよくみられる現象です。また，人が変わったように話し出したり，それまで訴えていた不安や痛みを忘れて笑い出したりすることもよくあることです。自然に出現したトランスは，通常は管理されることなく，多くはそれが存在していることすら意識されることなく，治療場面の中で現れたり隠れたりしています。僕は，後に述べるような理由から，通常の催眠誘導によるトランスを用いることはほとんどなくなり，自然なトランスに注目し，それを積極的に活用していくこと試みを続けています。最近ではある程度その方法論も確立されてきたので，それを，「トランス療法」と名付けて使っているわけです。

　僕が影響を受けたエリクソンは「全ての催眠は自己催眠だ」という言葉を残しています。これは通常はエリクソン流催眠誘導の極意ととられることが多いようですが，僕にはどうしてもそう考えることができませんでした。エリクソンはこの言葉の中で，催眠誘導を通してつくられた人工的なトランスのことを想定しているのではなく，自然に存在しているトランスを利用することを想定しているのではないか，と僕には思えたからです。エリクソンはトランスを「自然に存在するもの」としていましたし，彼の弟子

であるオハンロンもトランスは「誘導ではなく喚起」するものだとしています。また，エリクソンはトランスで大事なことも，自然な誘導ではなく「自然主義的（naturalistic）」であることとしています。エリクソンの晩年の治療の中でのトランスも誘導の匂いがしませんし，これは偏った見方かもしれませんが，僕からすると彼の若い頃の誘導場面からして，何かが違う気がします。クライエントに「すでに君はトランスを体験しているんだよ」といったメッセージを発している匂いがしているように思えるのです。ガチガチの催眠誘導に見える『二月の男』のケースをやっていた1940年〜50年代頃のエリクソンを指して，「全盛期」としている見方もあるのですが，僕にはそうは思えません。むしろこの頃のエリクソンの方が，「誘導の殻」を被って擬態していたように思えます。人間，体が不自由になったりした方が，その人の考えや意図の本質的なところが現れますし，晩年のエリクソンがまさにそうであったと考えるのです。

トランス療法のなりたち

そこから，自然なトランスを発見し使っていくトランス療法という方向性を僕は選びました。というより僕がナチュラルにやると，催眠誘導をしようとしてもそうなってしまうのです。臨床場面で，僕がクライエントを催眠にかけようとしても，僕のコントロールにかかわらずクライエントの方が勝手にトランスを呈してきて，僕のほうからコントロールを放棄すると，クライエントの中で大きな変化がおこってくるということが多く（というより催眠を用いたほとんどの事例で）体験され，そのような疑問をいろんな人と話しているうちに，僕の視点が他の催眠をやっている人達と違うことに気がついてきました。

エリクソニアン催眠を，日本エリクソンクラブ主催だったブレ

ント・ギアリー先生が講師のエリクソニアン催眠初級研修で最初に習ったのですが，習ったことを実習でやろうとしてもうまくいきませんでした。そこで2回目の実習では開き直って，「習った通りのことを言ったら，相手のどこかにトランスに入っているところが出てくるに違いない」と考えるようにしました。すると相手の表情や仕草や息づかいをみて，そこに働きかけていくだけで，簡単にトランスは現れるということが体験できました。

　研修から帰って，いろんなクライエントに同様の視点で誘導を行ってみて，一度も失敗はしませんでした。そのうち面倒くさくなって，誘導で行うイエスセットとかいろんなことをどんどん外していって，「クライエントのトランスに入っているところ」だけに注目して事を進めるようになりました。月日が経つうちに，先に述べたような体験も重ねたことも手伝って，臨床場面では全て会話の中で催眠誘導をすませるようになり，解催眠もいつの間にかやめてしまっていました。

　その頃はまだ，誘導モデルにこだわりを持っていましたので，「ブリーフ催眠」とかの誘導モデルを作って研修で用いていましたし，自分の臨床の中での自然なトランスを意識した流れもおぼろげながら形にはなってきていましたが，それは，「自分だけのもの」と位置づけていました。ただ，エリクソンについて論文を書く機会を与えてもらったりして，エリクソンのことをいろいろと深く考えるようになってからは，催眠誘導よりもエリクソンのトランスに対するスタンスそのものに興味の対象が移行し，ワークショップ等でも徐々にその「自分だけのもの」を話すようになってきました。

　増井武士先生のSV（スーパーバイズ）を受けるようになってからは，ほぼ自然なトランスの中で進んでいく「連想」に自身の臨床の焦点は移ってしまい，「連想的会話」というテーマでワークシ

第1章　トランス療法の概要——OASIS モデル　19

ョップをするようにもなりました。あるとき増井先生から，「あなたはなぜ，催眠（誘導）にこだわるのかな」という問いかけがなされ，その時に僕にはもう誘導モデルは必要ないし，誘導モデルとは違うトランスを扱うのが僕にとっては自然なことなのだという結論に至ることができました。そこでたまたま「やさしい催眠」をテーマにした本を書く話もあって，僕のやりかたは，「催眠療法」ではなく，「トランス療法」だ，となったわけです。

　自然にあるトランスと催眠によってもたらされる人工的なトランスの大きな違いは，自然にあるトランスには始まりも終わりもなく，無意識への入り口もしくは無意識そのものであるという点です。それはもともと我々の意識世界と共存しているところですから，誘導も解催眠も必要ないのです。したがって，トランス療法では，トランスは「入る」ものではなく，「呈する」もの，「使う」もので，以後はそのように表現します。自然なトランスをまずは発見し，その間口を広げ，有効に活用し，そのことで結果的にクライエントにとって有益な「何か」がもたらされる。それがトランス療法のイメージです。

　エリクソンが僕の言うようなトランス療法そのものをやっていたわけではないと思うのですが，トランス療法は，エリクソンのトランスにアクセスする手法やトランス観を僕なりにごく単純にまとめていき，自然なトランスを活用していくために，それに僕の経験を足して肉付けしていった方法です。

II　トランス療法の実際

トランス療法の中心——観察，連想，混乱

　さて，トランス療法の具体的な手法ですが，以前催眠医学心理

学会のシンポジウムでお話したように，僕なりの見方でエリクソンのトランスへのアプローチをまとめると，観察，連想，混乱の3つの手法に集約されているようにみえます。この3つの手法を繰り返す，または組み合わせることで，エリクソンの治療全体が構成されていると考えているわけです。この3つの手法は，どれもクライエントがもともと持っているトランスやトランスを使う能力にダイレクトにアクセスする行為で，これを行うことによって，催眠誘導ということを意識せずとも，自然なトランスを活用していくことは可能です。そしてこの3つの手法は互いに連動して行われる，もしくは発生してくる行為です。したがって，単純にこの3つの手法を繰り返していくことがトランス療法の骨格でもあり，全てということにもなるでしょう。

観　　察

まずは「観察」です。

繰り返しますが，エリクソンのトランス観とその手法は，前述したように自然主義的な立場（最近では「博物学的な立場」と訳したほうがわかりやすいかもと思っています），つまり「クライエントにトランスは普通に存在している」という立場から，人工的なものより自然なトランスを重視し，その普通に存在する自然なトランスを観察によって見つけ出していくことが最初の仕事です。

まずは，催眠誘導はやりません。誘導はせずにクライエントの立ち居振る舞い，言葉，背景事象などを観察し，その中からトランスの入口やトランスそのものを探し出します。

僕の観察では，クライエントというより人間は皆，もともとトランスの入口になるところや，すでにトランスを呈している部分を持っています。五感でよく観察し，それを見つけるのがセラピストの仕事で，そのためにはクライエントの姿形，立ち居振る舞

第1章　トランス療法の概要——OASIS モデル　21

いだけではなく，多くは本人に意識されていない，背景事象（影響を与えている人や，こだわり，とらわれている事象など），よく使われる単語なども細かく観察することが必要になってきます。

その中にトランスそのものやトランスの入口があるので，セラピストはとりあえずそれを話の中で取り上げてみます。具体的には，髪をかきあげる仕草であったり，ときどき目を瞑る行為であったり，「やっぱりですね」という口癖だったり，車のことをやたらと話したり，離婚した家族へのこだわりだったりします。そしてセラピストは，それらを真似したり，言語化したり，特定の単語を気にしたり，そこに話題を集中したり，そこから連想された言葉を伝えたりといった「刺激」を与えることによって，比較的容易にクライエントは自らが持っていた，または自然に喚起されたトランスが表れてくることになります。この際，クライエント自身はそれを意識していることもあれば，していないこともあります。それはあえてそのままにしてプロセスを進めていきます。

つまり，この作業で観察から得られた情報は，それがセラピストからクライエントに伝えられることにより，トランスに対する刺激となり，クライエントが持つ，自然なトランス，もしくはトランスを使う能力が活性化してくることになるのです。

連　　想

次は連想です。

観察のプロセスが進み，観察／刺激が繰り返されてくると，クライエントのトランスはどんどん活性化するので，セラピストとクライエントのやり取りの中で，自然に連想が進んでいきます。つまり，自然なトランスが呈されてくると，その中でクライエントの連想が広がっていき，セラピストはそれを聴きながら，自分の中での連想が広がってくるし，引き続き観察も続けているので，

その内容を直接的に，また間接的にクライエントに伝えていきます。そして伝えたことが新たな刺激になり，新たな連想が生まれてきます。この連鎖を，トランス療法では治療的なプロセスとして「連想的会話」と呼んでいます。

この作業をしばらく続けておくと，それだけで勝手に連想が膨らみ，その連想にこちらも少し相乗りするだけで自然にある結論が出てくることが多くあります。これは一見小さい「気付き」のレベルのことも多いのですが，実際，これで治療が終結してしまうクライエントも多くいらっしゃるのも事実です。

この作業の中で，連想としてセラピストの中に，ある体験やストーリーが喚起されてくることもあります。それをクライエントに「逸話」として語ると，エリクソンがやっていたような「アネクドート」といわれる手法になります。アネクドートといえば，メタファーのある形態で，お話の中にいろんな意味を含ませるという考え方もありますが，トランス療法の立場では，あくまでこれは連想の一部で，アネクドートで語られたことをどうとらえ，どう意味づけるかは，クライエントにゆだねるというのが基本姿勢です。逆にクライエントのほうから，あるストーリーが語られることもあります。それをどうとって，どう返していくかも，やはりセラピストの自由ということになります。

連想がつながっていくと，クライエント，セラピストともに，相手の影響を受けながらも自分の内的体験に没頭していくことになります。すなわち，トランス状態でいう「没入」が自然に進んでいくことになります。没入が進んだ状態では，さまざまな気づき，洞察が得られることもあり，これは定型的な催眠療法と同じです。ただトランス療法での没入は，セラピストのコントロールによっておこることではなく，連想の結果としておこることと考えています。したがってセラピストは暗示などを意識することは

なく，連想を続け没入するのもそれから覚めるのもクライエントの自由です。ですから「催眠から覚めない」といった現象も見られることはありません。通常の心理療法の中でみられる没入に近く，違うのはセラピストがそれをトランスとして意識するかしないかという点だと考えてよいでしょう。

混　　乱

最後は混乱です。

混乱という言葉はあくまで結果です。それは，セラピストが意識的に状況を「かき混ぜる」ことでも起こりますし，意識しなくても，話の中で，セラピストとクライエントとの間にずれが生じることでも起こります。エリクソンの手法で「混乱技法」と名付けられているものがありますが，これは彼が状況を意識してかき混ぜていたという考え方に依っています。錯語を用いたり，びっくりするような言葉や課題を与えたり，意識的にこれが行われたとすれば，エリクソンの天才的な部分と考えることもできるでしょう。100％混乱を意識して計画的にそれをおこそうとすることはなかなかまねができないことです。

ただ，エリクソンの論文などを読むと，彼は話のけっこうな部分が難解で回りくどく，どうとでも取れる表現が多いので，読んでいる側が混乱してしまうという側面もありますから，エリクソンが自然に話すと，自然にクライエントは混乱してしまう，と考えることもできます。エリクソンとクライエントの間にはずれが生じやすかったのかもしれません。

エリクソンの話をもう少しすると，彼とヘイリーらとのやり取りを見てもわかるように，エリクソンは「肝心なところ」を言わず，煙に巻いてしまう傾向は強かったように思います。あえてそこを「秘密にして」考えさせる，別の言い方をして戸惑わせる，と

いった傾向です。また，決して懇切丁寧に説明するようなところはなく，話をまとめるようなこともなく，戸惑いがあってもそのままにしておく。結果的にエリクソンの言動にはさまざまな解釈が生まれることになりました。こういったことをコミュニケーションの面でとらえると，「多重コミュニケーション」とされ広く知られていますが，それがエリクソンの意図なのかどうかはわからないところです。

　僕の考え方はもっとシンプルで，連想ででてきた言葉や行為の意味について，あえて言わないでおく／秘密にしておく「感覚をもつ」ように心がけています。ずれが生じても説明やまとめは不要としています。そうすることで，クライエントは戸惑いながらも何かを思いつき，選択し，行動をおこす，つまりエリクソンの言葉にあるように，「クライエントが自ら仕事をする」と考えているからです。そして，これは僕の経験則になりますが，クライエントが出す答えは，常に僕が考える意味や選択や行動よりも，はるかに自分にフィットした妥当な答えであることが多いといえます。これこそが混乱の効用かと。実際のセラピーでもしょっちゅうある局面です。エリクソンも似たような感覚をもっていたのでは，と密かに思っています。

　混乱は戸惑いを生み，トランスでいえば解離を生みます。解離がおこると，これまでは考えつかなかったことを思いつくこともあり，これまでとは違った行動や思い切った行動をとることもよく見られることです。定型的な催眠療法では，痛みの除去などの感覚解離はよく使われますが，このような解離（人格解離といわれるものです）はとても扱いにくくコントロールが困難だとされます。しかし，トランス療法では混乱から生じる自然な解離になりますから，積極的に活用しますし，無理して「解く」ことも必要ありません。解離は没入と違って「醒めた」感じですから，一

見，持続することは短いようにもみえます。ただ，何かのキーによって解離した感覚が再現することはよくあり，そのことを利用して，課題を与えるときなどは，解離した感覚を「持ち帰ってもらう」こともあります。セラピストがいないところで自然なトランスが動き出しても心配はいりません。それはもともとクライエントが持っていたものですから。

観察，連想，混乱の絡み

　このようにお話していくと，観察，連想，混乱は，この順番どおりに事を進めていくと考えられがちですが，決してそうではありません。この3つの行為は，トランス療法の中で互いに連鎖ながらランダムに進められていきます。ただ，中心となるのはやはり観察で，観察→混乱→観察→連想→混乱→観察……，というように連想や混乱の前後に観察が入る，もしくは連想しながら，混乱させながら観察するといった具合です。ただし，すべては観察に基づいた連想と混乱ですから，観察と連想，観察と混乱のみでトランス療法は成立しますが，観察のない連想，混乱では，それは成り立たなくなります。

　観察と連想，混乱は，50分のフルタイムのセラピーから，5分程度の短い時間の診察まで，時間を問わず行うことができます。また，他の心理療法的行為にまぜて行うことも可能です。例えば，傾聴しながら観察する，共感しながら連想を進める，受容しながら混乱を入れてみる，といった具合です。認知行動療法を行いながらでも，トランスを意識し3つの行為を入れていくというのも十分可能でしょう。

　それはトランス療法が目指す帰結が，小さな気づきであったり，クライエントが自らとる小さな行動であったりといった，決して大きくはない切り口やきっかけであると同時に，それは「何か」

であってセラピストが決めることではなく，クライエントが決めていくものであるからです。そういう意味では，トランス療法はある種のスパイス，もしくはメタモデルとして考えてもよいでしょう。

　ただ，トランスを意識しつつ3つの行為を行うと，セラピーは必然的にある色彩やカタチを伴うようになりますので，そういったことをお話していきます。

III　トランス療法のカタチと帰結

間接的であること

　トランス療法のカタチとは，すなわち「間接的であること」です。間接的アプローチと言いたいところですが，そう言ってしまうと，エリクソニアン・アプローチでいう間接暗示のように，「あえて間接的に事をすすめる」というニュアンスになってしまいがちです。間接的であるとは，観察，連想，混乱を行うと，必然的にセラピーの中で話され考えられることが「間接的になる」ことが多くなる，ということです。

　博物学的な観察を行うと，クライエントから話される問題文脈，つまり意識的な文脈とは「違うこと」に目が行きがちになります。例えば，うつの話をしているのに妙に小ぎれいにしているとか，関係ないとは思いつつも，カエルとかとてもかわったペットを飼っていることが妙に気になる，というようなことです。前述したように，トランス療法の観察ではそのあたりをトランスの入り口になるととらえますから，それを話題に出しただけでもう意識的な文脈からは外れていきます。

　また，連想や混乱を続けていても，話題や関心は問題とは別の

方向に向かいがちです。前述の例でクライエントのこぎれいなところに目をつけ，そこから連想を始めると，ファッションの話になったりして，うつという意識的な文脈とは直接関係のない話になりがちですし，カエルの話をするとぎょっとされて困惑され，「なぜここでこんな話題が……」というように，クライエントの関心はやはり意識的な文脈とは関係のない方向に向かうでしょう。直接的にうつのことを話すにしても，例えばうつの治し方について，「それは多分もう答えの出ていることかもしれません」という，混乱のための「言わないでおく」もの言いをすると，うつよりも「答え」のほうに目がいくことになりがちです。

　このように，博物学的な観察，連想，混乱という行為は，意識的な問題文脈に対して，遠心力を働かせます。結果的に文脈からはみ出してきた，もしくは気づかれず忘れられていたものを，みて，考えて，あつかっていくことになり，これが「間接的である」ということになります。注意したいのは，間接的でありながらも，あつかっているのは問題文脈や問題を抱えているクライエントから派生してきた事柄であって，決して「問題をあつかっていない」ということにはならないということです。言い方を変えれば，問題はあくまで氷山の一角で，それに直接的にアプローチしていくのではなく，その下に隠れている無意識的な構造に触れていく，という行為といえます。

クライエントが「何か」をおこす

　トランス療法では無意識的な構造を，精神分析のように分析したり，ソリューションフォーカスト・アプローチの「例外探し」のように明確化したりすることはありません。せっかくの「無意識」ですから，無意識は無意識のままに，わからないことはわからないままに，観察し，連想し，意識を混乱させることで，無意

識的な構造を刺激します。そうすると，トランスが活性化し，無意識的な構造が動きだす，もしくはそれがすでに動いている方向がみえるか，みえないにしてもその存在を感じることはできます。自然なトランスでよくクライエントから聞かれる，「何となくいい感じ」「何か変な感じ」「醒めた感じ」「どうでもよくなった」などというのが，その「感じ」です。エリクソンは「無意識にまかせる」というようなことを言っていますが，その存在がわかれば，あとはそれに「のっかる」と，「何かがおこる」わけです。

　この「何か」がトランス療法の帰結になります。それはクライエントの中でおこる小さな気づきであったり，クライエントが自らおこす何らかの行動だったりします。これはセラピー場面でおこることもありますが，おおかたはセラピールームの「外」，日常生活の中でおこってきます。「何か」がおこりやすいように，トランスが活性化するような課題を与えることもありますが，トランスを中心に考えるトランス療法では必ずしも必要とはしていません。「何か」がおこったら，2回目からの面接の起点になりますし，1回の面接で何かがおこり，2回目からの面接は必要なくなることもあります。「何か」にはクライエントも気がついていないこともありますが，無理して聞き出そうとすることもしなくてよいと考えます。むしろ，「何もかわらなくてもよくなっていくケースはたくさんありますよ」といったメッセージのほうが，クライエントにもセラピストにも優しいと思います。

　実際の経験でも「自分はかわっていない」と考えるクライエントが，自然なトランスを経験するうち，僕の予想を「裏切って」，DVの夫との間に一線を引いたり，学校に行きだしたり転校したり，薬を飲んだりやめたり……，といった行動をおこしたケースには事欠きません。そのどれもが自然なトランスを経験する前は「硬直した」ケースばかりです。もちろんそういったクライエント

のほとんどは自分がトランスに入った，もしくは活用したという自覚はありませんし，僕のほうから，ああしろ，こうしろと言われたわけではありません。むしろ，「自分で考えてやれることをやった」までのこととらえているようです。セラピストである僕は，悪く言えば「役立たず」と考えられているかもしれません。

　ここまでお話しするともうおわかりかもしれませんが，トランス療法では話をまとめることや「個別に」目標やゴールを設定することをしませんし，あえてそうしないとも言えます。帰結はクライエントが自ら決定し行うこと，と言うと，無責任にも信念のようにも聞こえるかもしれませんが，これはトランス療法のただ一つの目標を，「クライエントに仕事をしてもらう」ということに設定していることからきています。これはエリクソンの言葉です。トランス療法であつかう自然なトランスの中では，クライエントは，普段の意識に縛られることなく，自由に考え，好き嫌いもはっきりとしていて，自己決定もスムーズにできるようになります。その中で，クライエントがセラピストの言葉や態度から何をうけとり，どう行動するかを，セラピストは縛ることもできませんし知ることすら満足にできません。ですからその部分に関しては「クライエントの仕事」になるわけです[注1]。

Ⅳ　OASIS

OASIS とは？

ひととおり，トランス療法では何をして，どのような帰結をとっ

注1）亡くなった森俊夫先生は，セラピーの信念として，「クライエントがよくなることは信じている。ただよくなり方は知らん」とおっしゃっていました。とても的確で，素敵な言葉をくださったと思います。合掌。

ていくかをお話しました。少々難しく感じる部分があったかもしれませんし，どうやればいいか混乱してしまう部分もあったかもしれません。タイトルが「やさしいトランス療法」ですので，「できるだけ単純でわかりやすく」要点をまとめてみると，「OASIS」となりました。つまり，

観察する→ Observe
連想する→ Associate
混乱させる→ Shake and Have a Secret（かき混ぜて秘密をもつ）
間接的に→ Indirectly
何か→ Something else

ということです。やや語呂合わせ的ではありますが，それぞれの頭文字をとってOASISと覚えておくとわかりやすいかと思いました。偶然，というかやや意識はしていますが，僕の大好きなバンド oasis（オアシス，解散してしまいましたが……）と一致しました！

オアシスは 1990 年代を代表するイギリスの超ビッグなロックバンドで，ビートルズの自他ともに認める大ファンが看板で，「パクリだろ」と言われるほど（本人たちもそう言っていました）ビートルズへのオマージュが際立っていたバンドです。インディーズから出てきたけっこうな荒くれもので，素行不良[注2]，楽器のテクニックもありませんでしたが，荒々しいサウンドとビートルズ風（そのもの）の楽曲が妙にここちよく，世界に衝撃を与えました。

注2）酒飲んで暴れる，ライブすっぽかしなど多数。ただ，メジャーになってからのオアシスは3枚目から衝撃は消えました。ぶちかまして何でもあり（something）がオアシスらしい（single choice）に変わったのでしょう。

第1章　トランス療法の概要——OASIS モデル　　**31**

　僕の感覚ではビートルズの指向性や姿勢を，最も忠実にとても単純にしてわかりやすく，その時代の感覚で再表現したバンドだと思っているのですが，いかがでしょう。初期の頃は本人たちのこだわりもあって本当にビートルズの「好きなところ」をパクっていた感があります。ちなみに僕はビートルズが嫌いでしたが，オアシスを聴いて好きになりました。

　トランス療法もまた，エリクソンへのオマージュに満ち溢れています。いやパクリです。エリクソンの指向性や姿勢を今風（とはいっても僕は 1965 年の生まれですからその感覚で）に再現したいという願いから，再表現してみました。その意味合いでは OASIS というキーワードは最適ではないかと思っています。

メジャーの罠

　その一方で，OASIS は，トランス療法とは対極のこともこれに当てはめることができます。それは，

　方向づけ→ Orientation
　断言→ Assertion
　セッティング（硬化）→ Setting up
　直裁的→ Immediately
　唯一の選択→ Single choice

という具合です。これは何も悪いことではなく，現代であれば心理療法や医療の現場で普通に行われていることで，ある意味では基本とされていることです。ですから，とりあえずこのやり方を「メジャー OASIS」とでも言いましょうか。トランス療法のほうはこの言い方だと，「オルタナ注3) OASIS」ですね。

　メジャー OASIS の例を出すと，このような面接でしょうか。「病

歴からあなたはうつ病が疑わしいし，とても疲れていらっしゃるように見えます（orientation）。診断基準から言ってもうつ病で，抗うつ剤を出しますから，すぐに治療を始めましょう。薬を飲んで休養すれば大半の人は良くなってきますよ（assertion）。今から診断書を書きますから，そうですね，とりあえず，１カ月は会社を休みましょう。それが一番大事ですよ（setting up）。会社を休めないって？　それではうつ病は治りませんよ。うつ病は心の病気です。ですから病気を治すためにも，休養と薬，これは欠かせません（immediately）。どうされますか？　そう，休まれますね？　よく決められた（single choice）。では診断書と薬ですね」といった感じです。

　ちなみに同じような話にトランス療法を取り入れてオルタナ OASIS を意識してやると，「確かに病歴や症状からはうつ病が考えられますが，いかがでしょう？　そう何となく腑に落ちないですか。先ほどからあなたの話をお聞きしていると，かなりしっかりされていますね。職場でも責任が重いのでしょう（observe）。けっこう汗をかいていらっしゃいますが，駅からここまで歩いてこられたのですか？　そうですか。僕なんかこんな暑い日だともうタクシーですよ。根性がないもんですから（associate）。努力って大変ですよね。努力するとその分体が疲れたり，いや，気分的には充実しますかね。全く何がいいのかよくわからない（shake）。うつ病にしてもね，みんな治り方はさまざまで，ちょっとしたきっかけでよくなることもあるし，うーん，あなたの場合は……。どんなイメージを持っておられますか（Have a Secret）？　わからない？　当然そうですよ。よく心の風邪だって言いますけど，風邪もこじ

注３）オルタナティブの略。音楽用語。主としてメジャー・ロックバンドに対するオルタナティブ・ロックバンドを指します。

らすと肺炎になりますしね。養生もやりようです(indirectly)。そう，少し休みたい（something else）。お仕事も大変そうですよね。やっぱり今仕事に行くのは無理（shake, something else）。うん，そうですよね。とりあえず何が必要ですか？　診断書ですね。出しましょう。ちなみにお薬は？　興味あるんですね（something else）。じゃあどんなのがいいか考えてみましょうね」という感じですか。何か精神科の指導医に見せると怒られそうな内容ですね。これを読んだだけで変な気分になってきた方もいると思いますが，それがトランスです。

　メジャーOASISは，文面だけ見るとかっちりとした感じ，何となく安心感が持てる感じでしょうか？　完全に意識的な世界ですね。後者は，精神科の指導医なんかから見ると危うい感じで，リスキーでしょうね。休まないって言ったらどうするんだ，とか，薬飲みたくないって言ったらどうしようもないじゃないか，とか。ただよく考えてみましょう。前者にもそのリスクは大いにあるということを，経験のあるお医者さんだったらご存知ですよね。家に帰って薬を飲まなかったり，診断書破いちゃったり。薬を飲んだにしても6割の人にしか効かない。何よりも来なくなったらもうほかの選択肢はないでしょう。

　オルタナOASISの場合は，たとえ休まない，薬を飲まない，としても，無意識に乗っかってクライエントが自分で決めたことです。クライエントはその場合，家に帰ったら他の選択肢を考えざるを得なくなるでしょう。トランスが入っていますから，気が変わることだってあります。もし，こんな面接をする「いい加減な医者」とクライエントが思ったにしても，その場合ほかのお医者さんのところに行きますよね。なお，例文のように，休む，薬を飲むとクライエントのほうから言ったとすると，その確率はとても高くなるでしょう。

要は家に帰ってからクライエントがどのような行動をとるかです。

ただメジャーOASISだけでうまくいっている人もたくさんいます。その場合絶対的に必要になるのが、「説得力」というやつです。この中には、セラピストのカリスマ性、権威、立派な人格なども入ってきます。これを身に着けるのはたいへんなことです。オルタナOASISにはこれはいらないと思います。かえって邪魔になるかもしれません。

僕とかは仕事の都合上、メジャーOASISも結構やっています。しかしながら、人徳がないのかうまくいかないことが多いので、多少なりともオルタナOASISを入れるようにしています。すると途端にうまくいくようになるから不思議です。

オルタナとメジャーのOASIS、両方覚えておくと自己チェックにも役立ち便利です。

さあ始めましょう

さて長々とお話してきましたが、今からがトランス療法の実践編です。O・A・S・I・Sの一つ一つについて、それをどのように実践しトレーニングしていくかをお話ししていきます。トランス療法の実践は、考えるよりやってみるといがいと「易しい」ですし、慣れてくればそれが、クライエントにもセラピストにも「優しい」やり方であることがご理解いただけるはずです。

では、始めましょう。

第2章

観　　察

I　観察が大事

トランス療法における観察

　皆さんは，日々の臨床の中でどのようにクライエントを「観察」されているでしょうか？

　僕の場合は「観察」は診察やカウンセリングの中では，「こころがけ」としてではなく，無意識的に「いつも」「ずっと」やっているので，もはや習慣や癖のようになってしまっています。ですから，それを人に説明するのは逆に結構困難な作業です。極端に言うなら，観察しているだけでクライエントが勝手に自然なトランスを使っている状態になってしまいます。それほど観察を通じた相互作用は自然なトランスの臨床的な活用と深く結びついています。トランス療法では，自然なトランスしか扱いませんから，以下の説明からは，トランスと表記するところは，全て自然なトランスと考えてください。

　クライエントをよく見ると，一生懸命話しているのに手先を盛んに動かしていたり，身振り手振りで話しているのに全く動いていなかったりすることがあります。こういった無意識的な動き／無動の部分に，セラピストが言及することで，一気にトランスが表

れてくることはよくあります。よく言うペーシングのように，クライエントの動きに同調することでもトランスに触れていくことができます。

　つまり，クライエントをよく観察し，無意識的な部分に触れることと同調することは，最も基本的なトランスに接する方法です。これは従来の催眠誘導にもずいぶんと利用されてきました。

　トランス療法ではこれに加えて，観察の対象を広げていきます。

　トランス療法の観察の対象は，クライエントの姿勢や動作に加えて，談話，背景事象，そして周囲にある種々雑多なものも入ってきます。さらにセラピスト自身の心象も観察の対象です。これらはすべて「目に見えないこと」です。皆さんにとっては「話」を観察するというのはへんてこな話に聞こえるかもしれません。また，家族関係，生活状況，社会的立場などの「背景事象」を観察するというのも違和感をもたれるでしょう。セラピストの心象を自分で観察するというのも，不思議な話です。

　実は，トランス療法で，というよりトランスを扱ううえで，恰好，表情，立ち居振る舞い，周囲の状況など「目に見えること」を見ると同時に，先に触れたような「目に見えないこと」を見るということはとても大事なことです。これは話を進めていくうちに理解していただけるかと思うのですが，トランスは，目に見えるものの中にみいだせるだけではなく，目に見えないものの中にもみいだすことができるからです。

　例えば，理路整然とした話をする人が，「とても」とか「現状では」という単語をたくさん使っていて，「〜ですね」とか「〜かな」という語尾を多用しているとしましょう。この場合，それを真似するだけでトランスが表れてくることもあります。真似をしなくても，「とても」という単語を多用する場合，「それは大きなことですね」とか「いやそのことは目立ちますよ」といった具合

に，セラピストがそれを引用するだけで，「〜ですね」という語尾が多い場合，「あなたの話にはとても納得がいきます」とか「当然そうなりますね」という同調をするだけで，トランスは表れます。また，とてもおしゃれな服装をしている人が，休日には下着一枚でソファーに寝転がりポテトチップスを食べながら DVD を見ていることもありますし，いつも冷静な人が，母親に対しては感情的になったり，母親の話になると口をつぐんでしまうこともあります。この状態の中に簡単にトランスはみいだせます。さらに「悪いことばかり重なっている」と思っている人に，「今とても運気が悪いようですね。いつごろ運気が向上すると思いますか？」というように，アナロジー的な置き換えをするだけでも，トランスに触れることはできます（ソリューションフォーカスト・アプローチのミラクルクエスチョンとかはこれですね）。

　セラピストの心象の観察に関しては，よく言うようなセラピストのセルフモニタリングとは，考え方が違います。セラピストは第三者的な目で自分を見る（例えば逆転移をみるとか）のではなく，自分の感覚に敏感になるということです。話を聞いていて自分の中に違和感があれば，それを感じながら話をする，何かのイメージや記憶が浮かんでくればそれを話す，といった具合に，自分の感覚に触れそれと話を同調させていく，ということになります。そうすることで，セラピストの無意識，すなわちトランスが表れ，クライエントのトランスと相互作用がおこりやすくなります。

観察とトランス

　このようにしてトランスに触れ，同調することが観察の目的で，トランス療法ではこれを，「トランスに接する」と表現します。ただ，従来の催眠療法でも観察，特に目に見える身体面での観察は

重視されています。特に，現代催眠，エリクソニアン催眠等ではこれを重視していると思います。標準的な催眠誘導でも，人工的に喚起したトランスに関しては，催眠に入ったことを確認するために，トランス状態に入ったクライエントの身体的特徴を観察することが推奨されています。これはこれでトランスに「接した」ことになるのですが，催眠療法ではトランス療法と違い，接したトランスを，「捕まえて」「コントロール」しようとします。これが，催眠誘導だとか催眠深化だとか催眠下での暗示ということになるのです。

　トランス療法では，トランスに接した時にそれを捕まえコントロールするようなことはしません。まず，トランスに接したら，「トランスに親しむ」ようにして，そのトランスの間口を広げていきます。次に間口が十分に広がっていたら「トランスを楽しむ」ようにして，そのトランスから得られる連想に興じていきます。時には「トランスと遊ぶ」ように，かき回したり，ゲームをしたりして，トランスのいろんな側面をみせてもらいます。そして「トランスを大事にする」ことでトランスが治療的に働くようにアシストしたり，トランスを課題に活用したりします。その結果「トランスから何かが生まれる」わけです。

　もうお解りかとは思いますが，これらは OASIS に対応しています。トランスに接し親しむことはO（観察）に，トランスを楽しむことは，A（連想）に，トランスと遊ぶことはS（かきまぜ秘密をもつ＝混乱）に，トランスを大事にすることはI（間接的に）に，トランスから何かが生まれることにはS（何か）がそれぞれ対応しています。

　大事なことは，以下に記すように，これらの過程の全ての基盤に観察行為，つまり「みる」ことが入ることで，それぞれの過程で「みる」ことの性質が違ってくることです。

O→トランスに接する／親しむ→診る

A→トランスを楽しむ→観る

S→トランスと遊ぶ→視る

I→トランスを大事にする→看る

S→トランスから何かが生まれる→見る

それではこの5つの「みる」について解説していきましょう。

II　診ること

診ることの基礎

　1つ目は「診る」です。これはまずクライエントと相対した時，始まる観察行為です。そして面接の最後までこれは続きます。すなわち，トランス療法では「診る」ことを最も大事な行為と位置付けています。

　お解りのように，診るというのは診察で用いられる行為です。医者の診察というのは，患者さんをつぶさに観察し（顔色，体形，眼瞼結膜，舌，咽頭などいろんなところをチェックします），談話や背景事象を聞きだし（どんな体験をしているか，家族構成はどうか，経済条件はどうかなどいろんなことを聞きます），刺激を与えて反応を確認し（おなかを押さえて痛みを確かめたり，目に光を当てて反射を確かめたりします）たりして，いろんな症状を取り出していきます。いわゆる視診，問診，触診といった行為です。

　皆さんもご存知のようにエリクソンは医者でした。おそらくこういった行為は，トレーニングの過程で叩き込まれていたことでしょう。今の医者は何かというとすぐ検査なので，こういった診

察行為は下手になっていると言われますが，エリクソンの時代の医者は診察行為が得意だったと思われます。ちなみに僕が幼少のころ，母親が勤めていた病院でよく遊んでいましたが（古き良き時代です），その病院の老院長先生にかわいがられていて，診察場面をよく見せてもらっていました(本当に古き良き時代です)。その先生は名医の誉れ高く，診察行為だけ（時に見ただけ）でいろんな病気を診断できていました。老先生はなぜかいろいろと熱心に僕に教えてくれていました（内容を覚えていないので偽記憶かもしれませんが)。ものすごく強烈な体験でかなりの影響をうけたと思います。そのせいか，時々，姿勢などを見て子宮や腰の病気を当てたりすることがあり，びっくりされることもあります。

博物学的行為

視診，問診，触診，聴診などは，血液検査，レントゲン検査などとは違って，博物学的な行為です。所見を断片としてつなぎ合わせながら，ひとつの症候（貧血とか麻痺とかのことです）を取り出します。がんの内視鏡検査のように何かの基準に当てはめる行為ではありません。以前僕が研修医のころ，神経の診察を習ったとき神経内科の先生から，「神経所見をとっていくのは推理小説を解くような行為だよ」と教わったことがあります。すごく博物学的ですね。繰り返しますが，診察すなわち診ることは，いろんな所見を取り出してそれを刺激し反応をみながら，ひとつの症候を取りだしていく行為です。

この「症候」を，トランス，と置き換えてみてください。「診る」という行為が，博物学的にトランスを見つけ出す行為だとわかるでしょう。ただここで間違えてはいけないのは，医者の診察は症候を取り出し，診断をつけるというのが目的ですが，トランス療法の「診る」行為はあくまでトランスに接し親しむまでが目

的の行為です。また「診る」という行為は医者的な態度をとるということでもありません。あくまで診察的な「目」をもつことが大事だということです。

ちなみに博物学的な行為とは，クライエントの文脈（私は慢性的なうつだし，お金の問題もあるし，治りっこないよね等）や，セラピストの文脈（この人はひどく抑圧を抱えていてセラピストへの転移が強い等）を，「いったん」排して，つまりいったん頭を真っ白にして，表情や立ち居振る舞いをパーツに分解し，談話や背景事象のストーリーを排して単語や文節のレベルまで分解して，それらを平易に見てみるということです。「ぶつ切り」，という感覚が適当でしょうか。クライエントの文脈に流されたり，セラピストの文脈に流されたりすると，「所見」はとれなくなります。分割して平易に並べられたものの中から気になるパーツを取り出し，それを刺激して得られたものが「所見」です。ただ，トランス療法の場合，網羅的に全部を診ようとすると非効率的になり，セラピーで大事な「タイミング」を逃してしまいますし，求める症候は「自然なトランス」だけですから，丁寧に，というよりかなり大雑把に診て，気になるパーツを刺激して所見を得ることのほうが大事になってきます。

兎にも角にも，トランスに接し親しむつもりで，クライエントを診ることによって，体のあちこちや，話の断片や，背景事象のどこかから，自然なトランスの断片を見つけてきて，それを刺激して，自然なトランスが表れてくる，これがトランス療法の第一歩の観察，OASIS の O です。

診ることの要領

簡単に，トランスを診る要領をお話しします。前にも述べたように，体であれば，動かなくて置き去りにされているところや繰

り返されるような仕草等，話であれば，繰り返される単語や語尾，こだわっているエピソード等をとりだすことです。これは例をあげればきりがないことになりますが，下にその一部をまとめてみます。

表情：時折現れるボーっとした感じや遠くを見るような目線，話しているのに目が動かない感じ，深刻に話しているのに口元にランダムに表れる笑み，目をつむる，など。

立ち居振る舞い：動かない体幹，手足の一定の動き，不自然な首の動きなど。

談話：繰り返し用いられる単語，一定頻度で現れる語尾，話の前提，こだわっているエピソード，話しながら夢うつつになるところ，テンションが上がってくるところなど。

背景事象：こだわっているものや人，強調する部分，本人が意識せず繰り返す部分など。

欠落部分：話の中で避けている部分，あって当然の行動がないなど。

　これらのキーになるのは「違和感」です。全体の中で違和感があるところを取り出していくのです。間違ってはいけないのは，ここでみいだされる，部分，断片はあくまでもトランスや無意識への「入口」であって，トランスや無意識そのものではないということです。

　その部分や断片を刺激することで，トランスという所見が得られます。そしてトランスに接し親しむことはできますが，トランス療法ではそのトランスの全貌について言語化することも補足することもしません。むしろ，そういう行為によって，トランスはトランスそのものではなくなり，人工的なものに，無意識は無意

識でなく，無意識の痕跡になってしまいます。トランス療法では，表れたトランスについては，そのままにして大事にほおっておく，というのが基本です。

診ることと刺激

次は，診いだしたトランスの断片にどのような刺激を与えていくかについてまとめてみます。注意したいのはトランスの断片はひとつとは限りませんから，そういった複数の断片への刺激はランダムに行っていくことです。後述するようにひとつの断片から得た反応にこだわり，刺激を続けていくことは催眠誘導につながってしまいます。

言及：文字通りそのことに言及したり真似をする行為を指します。言及したり真似をすることで，同調や当惑や無視などクライエントによって反応はさまざまですが，注意したほうがいいのは，この行為によって出現するトランスは，言及したものと別のところに現れる，というところです。無意識的な行為や部分に直接言及するわけですから，言及したとたん，その行為や部分は意識に上ってしまうわけです。例えば手癖に言及したら，全身の動きが止まるとかいう形でトランスが表れてきます。この場合，手癖が意識に上って，全身が無意識に入る，という形になるのはもうお解りでしょう。そして，「全身が動かなくなっていますね」と続けたら混乱が起き，つまり，どっちを意識していいかわからないということになり，いわゆる「トランスに入った」という状態が起きやすくなります。エリクソニアン催眠等の典型的な催眠誘導ではこの方法を多用します。

ただ，トランス療法では，トランスに入るということを目的としていませんから，前述のように，全身に現れたトランスにはあ

えて言及せず「僕にも貧乏ゆすりとかのくせがあるんですよね」「貧乏ゆすりする人をみてどう思いますか」「笑顔が出ましたね」というようなランダムなつなげ方をして，全身に現れたトランスは，会話の上では放置するかあえて無視することになります。何度も言いますが誘導，あるいは誘導的なアプローチでトランスを作ると，トランスに何らかの制約やしばりが入ってきます。人工的なトランスになっていくわけです。

　会話の上で自然に現れたトランスを放置したり無視したりすることは，OASIS の中の真ん中の S であり，Secret（秘密にする）行為です。これは当然のことながら，解離につながっていきます。上の例でいけば手癖に言及することで「何のために先生はそんなことをいうのだろう」という疑問につながりますし，「手癖には何か意味があるかもしれないし，ひょっとすると何の意味もないかもしれません」という言い方をしたならば，それは Shake となり混乱と解離はますますひろがります。

　また，先に示したように「貧乏ゆすり」という言葉に置換（あとで説明します）し，そのあと「今頭の中に何か浮かびましたか」ということを訊く（刺激する）ことで，OASIS の A（連想）につながっていきます。

　まとめると，トランスの一部が垣間見え，たとえそれに言及したとしても，それを深めようとせず，連続して起こってくるトランスに関しては，放置したりあえて無視し，連想や解離に結び付けていくことが，結果的にはトランスを広げトランスが自由にはたらくことになり，トランス療法においては大切な行為となります。

　置換：置換は，先ほど例を出したような手癖といったトランスのかけらに対して，それを別の表現に置き換えたり，別の現象や

体験に置き換えたり，何か象徴的なものなどに置き換え問いかけたりして返すことを指します。例えば手癖だったら，「癖は誰にでもありますよね，どんな癖がありますか？」「繰り返す行動というのは誰にでもあります，どんなことを思い浮かべますか」「からくり人形とかゼンマイ仕掛けのおもちゃとか想像できますか？」といったものです。先ほどお話しした「僕にも貧乏ゆすりとかの癖があるんですよね」と話すこともそれにあたります。

　置換はその部分に言及した後にも使えますし，いきなり使ってもかまいません。前者だとかっちりした感じですがやや展開が狭まった感じにもなりがちです。後者だと唐突ですがより広まった感じがします。僕は圧倒的に後者で，いきなり使う派です。こういわれると，いきなり困惑されるか考えこまれるかどちらかです。つまり，混乱や連想につなぎやすいということになります。そしてOASISのI，間接的なやり取りにもつながりやすくなります。

　とはいっても，これまで説明した置換という刺激を，診てとった部分に全てやろうとすると結構難しくもなってきます。しかしながら，単なる言葉の置き換えや，立ち居振る舞いを言い換えてみることは比較的簡単にできます。推奨するのは，一部でもいいですから気がついたらやってみることです。一つでもできれば確実にトランスは動き出しますから，あとは後述する「観る」という視点から連想をすすめたり，「視る」という視点からそのことにこだわって混乱をすすめる方向に行けばいいだけのことです。ただ，繰り返しますがトランスを「診る」という視点は最後まで忘れないでいてください。

　「欠落部分」への刺激：表情や動きや談話や背景事象の中で「無意識的に欠落している部分」は，フロイトの昔から言われているように重要なトランス―無意識の断片，入口です。この部分をど

う診てどう刺激するか，ですがこの欠落部分を診るのには，大きな障害があります。それは抑制や防衛機制などの精神分析用語で，精神分析を勉強してきた人たちはどうしてもその視点から欠落部分にストーリーを作ってしまいます。例えば母親という部分を避けていれば，そこに何らかの抑圧や防衛機制を考えてしまいます。

　トランス療法ではそこまでは考えません。もっと博物学的に考えます。例えばエリクソンが迷子になって暴れている馬をいなして，元の家に連れ帰ったという話がありますが，エリクソンは暴れる馬とそれをおとなしくさせようとしている人達の間に，「帰巣本能」が欠落していることを診てとったのだと考えられます。そしてその欠落部分を刺激し，呼び覚まして無事に馬を連れ帰ったのではないでしょうか。このくらいシンプルに，生物学的セオリーや社会的セオリーが欠落しているのを診ていくのが，トランス療法での欠落部分の扱い方になります。

　感覚が欠落している体の部分，例えば足の裏だったら，「足の裏を動かしてみてください」と話すか，「体の中で普段意識していない部分はどこですか？」と間接的な問いかけや，「足の裏の皮って厚いですよね」といった問いかけをしていくだけです。「足の裏の感覚を感じるようにするとそこは無意識の部分で，それを感じるようにするだけでトランスに入れますよ」というような言い方はしません。あくまでそこに刺激を与えるだけです。母親が欠落しているなら「お母さんはお元気ですか」と問いかけたり，「僕は最近母親と会っていなくて，多少心配になることもあるんですよ」と話したり，「やはり母親から産み落とされたと思うと，母親と似ていないか心配になりませんか？」と問いかけたりしていきます。足の裏と同様に，「あなたが母親という言葉を避けているのは，お母さんとの間に何かの葛藤があったからではないですか」というような話はまずすることはありません。

繰り返しお話ししますが，欠落している部分はあくまでもトランスの入り口，無意識的な部分で，診てとって刺激をしていく対象にしか用いず，何ら心理学的な意味づけをしない，というのがトランス療法でのやり方です。心理学的な意味づけをせず刺激することで，初めてトランスという所見が表れます。

　トランスは無意識そのものとも言えますが，前述のように，トランス－無意識という所見についても言語化し心理学的な意味づけをすることはありません。トランス療法では，トランスをただ漠然とした存在としてそこに触れ親しんでいきます。言語的な側面でみていけば，無意識は無意識のままにするという点で，トランス療法は構造主義的な考え方に基づいているとも言えます。無意識は言語化し説明してしまうことで，無意識ではなくその痕跡になってしまうという考え方ですね。少し難しい話になってしまいました。

診ることの重要性

　まとめると，「診る」という観察行為は，クライエントの視覚的な部分，談話，背景事象などを，博物学的にバラバラに分解することから始めます。次にそれらを均等にみて，トランスの断片や入口になるところをみつけだします。そしてそれらに言及し，それらを別の形に置換することで刺激を与え，トランスという所見を得，それを広げていきます。ただそのトランスに何らかの説明や縛りを加えることはしません。これがトランスに接し親しんでいくことになります。これがトランスを診るという観察行為の全貌です。

　トランス療法では，トランスを診るという観察行為は，他の観る，視る，看る，見るということを加えた観察行為の中でも最も重要ともいえる行為で，面接を通して最初から最後まで意識し続

ける行為です。トランスは変貌し，表れたり消えたりするものですから，それを診続けることが，トランス療法の生命線となることは，お解りいただけることと思います。

III　観ること

観ることと連想

次は「観る」という観察行為です。

観ることとは，文字通り鑑賞というような意味合いにとっていただいて結構です。ただ美人のクライエントを鑑賞するとか，クライエントと一緒に絵を鑑賞しましょうね，という意味ではありませんのでお間違いのないように。

観る観察行為は，OASIS の A，つまり連想とセットです。連想ですから，O で触れ親しんだトランスの中から出てきた連想を観て楽しむ行為と理解してください。当然，クライエントとセラピストの双方に没入を伴います。ですから，クライエントの側にも観るという観察行為が発生します。連想ですから，そのほとんどはイメージです。クライエントが話すイメージを観る，また，それを観ながら自分の中にでてきたイメージを観ながらクライエントに話をする，という連想をつなげていくと，その中にまた新たなトランスを診る，というようなことがスムーズに続いていけば，トランス療法はそれだけで完結することもあります。

イメージ療法やフォーカシングをやっていた人なら，この観るという行為は理解しやすいかと思います。そういったところでは観るという表現を「味わう」と言ったりしますよね。

観ることの実際

　観ることは基本的にセラピストにとってもクライエントにとっても自由な行為です。クライエントの話を観て，いろんなことを想像したり，いろんなことを感じたりしながらクライエントに伝え，またクライエントもいろんなことを想像し感じ観たことをセラピストに伝え直します。

　観ることは，その内容については，セラピストやクライエントによって千差万別です。双方の体験もまたさまざまですから，セラピストとクライエントにとって観ることにはさまざまなバリエーションが生まれます。セラピストとクライエントの組み合わせによっては，またセラピストとクライエントのどちらかが，イメージ等を観ることに慣れていない，もしくは得意ではない場合があります。それでもトランス療法では「観ることができる範囲でいいから」観ることを勧めています。トランス療法においては，観るという行為を，トランスを楽しみ，それに自由度を与えていくという意味合いで，重要視しているからです。

　とはいえ，観ることは映画，演劇，音楽ライブなどを鑑賞しそれからいろいろな影響を受けることにもつながります。また，単に音楽を聴くことや本を読むことで，それからいろんな情景を想像することも同様のことです。セラピストにはそういったことが得意な人もいれば，不得意な人もいます。これはクライエントにとっても同様で，セラピストが観ることに長けていても，クライエントの方が観ることが不得手という場合，もしくはその逆もあります。その場合，観るという観察行為はあまり多く使うことはできません。観るという観察行為にはそういったトレーニングでは補えない要素も含んでいますから，この行為の得手不得手は，セラピー全体の中での観ることの絶対量を規定していきます。

観ることと診ることと間接性

　観ることは，ある意味では前述の「診ること」とは正反対の行為です。ですから，診ることは最小限で，観ることがほとんどになるセラピーになることもあれば，観ることは少なく診ることがほとんどになるセラピーになることもあります。前者はある意味セラピストとクライエントの関係性が表に出てくるため，「臨床心理的」な面接になりますし，後者はその逆で，その「色」が薄れていくことになるでしょう。前者が連想と没入を主体にしたセラピーのスタイルになるのに対し，後者は混乱と解離を主体にしたスタイルになりがちです。

　そういったことはケースバイケースで生じてきますが，トランス療法ではどちらもあり得ると考えます。

　ともかく，観るという行為は，トランスを楽しむには絶好の行為です。クライエントの連想を観ながら自らの連想を観て伝え返す。またクライエントもそれを観て新たな連想が生まれる。例えば，クライエントに「涼しい風にあたっているような感じが浮かんできました」という連想が生まれれば，セラピストはそれを観て「いいですねぇ，それを聞いていて僕には夏の縁台に座っているようなイメージが浮かびました」という連想が浮かんだとしましょう。その後のクライエントの展開はさまざまで，「こどもの頃を思い出しました」「おばあちゃんを思い出しました」「何か冷たいものが飲みたくなってきました」などいろんな要素を含んだ連想を得ることができます。時には「演台からこけて頭を怪我したのを思い出しました」などネガティブとも取れる連想が浮かんでくることもありますが，それでも構いません。後の作業は，その連想を観て，さらに連想を続け，観る作業を続けるか，要素に注目して診る作業に移行するかどちらかです。

第2章 観 察　51

　観る作業を続けていると，特に意識をしなくても話は間接的（OASISのI）となり，トランスを大事にすることが自然にできることになります。トランスを大事にすることができていれば，最終的にOASISのS，何かが得られます。そういった意味でも観る作業は，トランスを自由にするばかりでなく，トランスに優しい行為で，OASISの他の要素と結びつき，トランス療法を成り立たせる観察行為になります。

IV　視ること

意識を視る

　「視る」という観察行為は，クライエントのいろんな側面を「調べていく」という行為です。また，その中で「気になるところ」があったら，そこに注目し，仮説を立て，詳しく検証していきます。ここまでお話ししただけで，今までお話しした「診る」「観る」とはずいぶんと違う行為のように感じられるでしょう。それは，視る行為の「対象」が違うからです。視る行為の対象はトランスや無意識ではありません。

　視る行為の対象は，クライエントの「意識」です。

　「トランス」療法なのにどうして意識の部分を視ていくのか，それは視る行為がOASISの真ん中のS，つまり，かき混ぜ秘密を持つ＝混乱につながる行為だからです。混乱するところは当然クライエントの意識です。そして意識が混乱しある意味無力化すると，トランス－無意識が生き生きと遊べるスペースが広がることになります。

　この時に大事なのは，セラピストがクライエントの意識の部分だけにとらわれてしまい，クライエントのトランス－無意識を見

失うことになってしまうことです。そうなってしまうとクライエントは混乱に対して「意識の解決」を求め，ただの「議論」になってしまって，何の意味もなくなります。この現象は催眠の研修会などで，「エリクソンの混乱技法の練習をしましょう」といった場面でよく見かけることです。クライエントのトランスにしっかりと接し親しみ同調していないと，クライエントが混乱から解離に至ることはまずありません。

したがって視る行為でクライエントの意識を調べながらも，同時にしっかりと診る行為を続けてクライエントのトランスと同調していくことが必須になります。つまり，クライエントを視る時には，視ることと診ることが表裏一体になっていなければならない，ということです。ですから視る作業を習得するのには多少の難しさを伴うことはお話ししておかねばならないことです。

ですが，視る作業を習得しなくても，トランス療法自体を実践することは可能なことです。前述したように，診る作業から観る作業に移行する，つまりトランスを意識しつつ連想を進めていく作業をやっていけばいいだけの話です。視る作業が必要になるのは，明らかに意識がトランス－無意識の働きを邪魔している時です。そのような時には視る作業で意識に混乱を生じさせるのは有効な手段になります。

視る作業の手順

それでは視る作業をすすめていく手順をお話ししていきましょう。

今までお話ししてきたように，視る作業を始める前提は，診る作業で，あるいは診て観ていく作業で，セラピストがクライエントのトランスに触れ同調している状態ができていることです。この時，トランスに同調してはいますがそのことをクライエントに伝

え説明することはしません。秘密にしておきます。同調，つまりトランスに親しむあるいはトランスを楽しむことができていると，トランス—無意識の方向性を感じているかもしれませんが，そのことにも触れません。クライエント自身が自らトランスを感じているかもしれませんが，あえてそのことを言語化させることもしません。クライエントがそのことを話したとしても，それを聴くだけで，コメントし分析することなどは避けます。

　次に，クライエントの意識を視ていきます。前述のようにクライエントのトランスと同調しながら，クライエントの話，主張，意識的な表現（身体的なものも含む）等を，全体的に俯瞰していきます。診ることと違って，特定の言い回しや仕草などにはなるだけとらわれないようにします。理由はそれらを分析しだすと，どうしてもセラピストの中に「理論的な思い込み」が生じやすくなるからです。この弊害については前述しましたし，後の章で詳しく説明していきます。

　そして，無意識的なところ（トランスの方向性）と意識のズレ，意識の部分での強いこだわり，よりどころ，慣習，関係性などを視ていって，それを象徴するキーワードを複数取り出し，パズルのようにそれをつなぎ合わせ，考えていく作業をします。つまりここでクライエントの意識に関するセオリーを作っていくのですが，それはシンプルな形です。

　例えば，不登校の中学生がいたとしましょう。彼は人間関係が嫌になった，という理由で学校を休んでいます。ただ部活でやっているサッカーだけは大好きで，部活にだけは出てきています。成績は下降気味で入学した時から下位の方でした。

　この中学生のケースを視てキーワードを抜き出すとしたら，学校，不登校，人間関係，好き嫌い，休む，部活，休まない，サッカー，成績，勉強，できない，といったところでしょうか。これ

らをつなぎ合わせてセオリーを作っていくのですが，最初に，常識的なところ，つまり「こうであらねばならない」「多分こうでしょう」という立場では，「人間関係で不登校になったと言うが勉強が苦手なのでは」「人間関係で好き嫌いが激しいのでは」「部活に行っていて不登校はあまり気にしていないのでは」というところです。こういったセオリーは常識的な立場に立っているところから，意識的なセオリーということもできます。

　そうではなくて，常識的ではないところ「こうなることもある」「こういうこともあるかも」という立場に立つと，「勉強とサッカーは一緒だ」「部活に行っていて不登校の問題はそもそもない」「人間関係は勉強で決まる」「部活では好き嫌いは関係ない」といったものになります。こういったものは非常識で普段は語られないセオリーですから，無意識的なセオリーといえるかもしれません。

　前者の「意識的なセオリー」は「こうでしょう」ですから，現在の日常の彼の生活を思い浮かべて，それを視てキーワードをつなぐことでできていきます。「無意識的なセオリー」は，基本的に「こういうこともある」ですから，時間軸や場面を特定せず，多くはセラピストの直観視でキーワードをつないだものです。両者のセオリーができるときに共通するのは，こういったセオリーは「〜だから」という理由や，心理的解釈（父からの抑圧が強い等）を含まないということが重要です。さらに後者の「無意識的なセオリー」は，あくまで一般常識的に「当然のこと」よりも，生物学的生態学的に「あってもいい」こと（naturalistic）を前提にします（「診る」の時に出てきた博物学的なことも naturalistic ですがここでは「自然主義的な」という意味合いで使っています）。してさらに大事なことは，それをつくる時にあくまでクライエントから視てとったものを材料に使う，ということです。ですからセオリーを作るというよりセオリーが視えてくる，といった表現

が正しいかもしれません。これがエリクソンの「ユーティライゼーション」という考えです。視ることは，ユーティライゼーションの基礎ともつながっていきます。

ここで視えたセオリーは，クライエントに積極的に伝え，問いかけます。そうしながらクライエントの反応を視て，その検証を行っていきます。この場合「こうである」という意識的なところのセオリーと，「こういうこともある」という無意識的なところのセオリーを，連続的に組み合わせて使っていくのが大事なことです。上の例で行くと，「勉強は好きですか？」〈嫌いです〉「じゃあ勉強とサッカーは同じって知ってますか？」〈え!?〉といった具合です。こうなるともう混乱が起き解離が出現しています。

無意識的なセオリーはクライエントから視てとったものを置換してつくられているわけですから診る行為の刺激になるものを含んでいるので，トランスが出現するのは当然です。ですから上記の例で考えると，解離がおこったために「勉強へのこだわり」といった意識の力が一時的に弱まっています。この先解離をうまく活用して，視ることと診ることをうまく使っていけば，つまり混乱が広がれば，意識の力はさらに弱まるでしょう。そうすると弱まった意識の中に，さらにいろんなものが視えてくることになります。そしてさらに新たなキーワード，セオリーが増えて，診る行為はますますやりやすくなります。そして混乱が広がり意識の力が弱まっていくのです。

まとめると，視る行為は意識的なセオリーでターゲットを決め，それに関連する無意識的なセオリーを当てることで混乱を起こします。そして，無意識的なセオリーはトランスへの刺激となって診る行為とつながっていて，トランスはますます診やすくなっていきます。診ることと視ることは常に連動しているのです。医学における診察と検査の関係のようですね。

視ることと診ることと催眠

　僕の実際の臨床は，面接の最初から診ることと視ることがごちゃ混ぜになっています。というのは無意識を診ていこうとすると，自然と意識とのずれ，意識のこだわり，キーワードなどが自然と視えてくるからです。ですから意識の力を弱めるために，最初から診ることと視ることを連動して使おうとするため，クライエントに早い段階で混乱が起きてくるのです。これは一見言葉遊びのようにもみえますが，そういったことが背景にあるのです（「言葉遊び」については「診る」のテーマのところですでにお話ししましたね）。

　イメージとしては，字幕スーパーの洋画をみているような感じですか。画像やセリフを診ながら，字幕スーパーを視ている感じです。字幕スーパーの洋画ですから，当然画像を「観て」楽しむことも同時にやっていて，連想も浮かんできますので，言葉遊びと連想を並行してやっていることになります。映画館で隣の友達に連想を話したら当然「うるさい」と怒られますが……。

　診ることと視ることをどのように使っていくかということの比較対象として，催眠誘導による催眠療法に触れておかねばなりません。催眠療法では，トランスを視て意識を診ます。トランス療法と真逆ですね。催眠療法ではトランスを縛ってコントロールする必要がありますから，「今あなたはトランスの中にいます」「体が動かなくなったのはトランスによるものです」「トランスが進むと体の力が抜けます」というように徹底的にトランスに言及し，その要素，キーワードを積極的にクライエントに伝えていきます。そして「トランスの中ではあなたは自由になれます」「このトランスであなたの心の中のわだかまりが整理されていきます」というように，クライエントの意識から診てとられた課題についてトラ

ンスとの融合を図り，トランスの中での意識的な解決を目指していきます（無意識が意識化されるとも言っていいでしょう）。そしてトランスを解き，クライエントの話を聴きます。その中で，トランスの中での意識的な解決が意識にどう反映されているかを診て，アンカリング[注1] などの作業を行っていきます。

　催眠療法でなぜこのような真逆の作業を行うか，ということですが，それはトランス療法と催眠療法の目的が異なるからです。トランス療法は「クライエントに自ら仕事をしてもらう」ということが目的ですが，催眠療法は「クライエントに何かを教える」，つまり教育が目的になります。どちらの姿勢をとるかはセラピーに求められるものや，セラピストの好みもありますし，クライエントの好みもあります。優劣がつけられるものではありません。

　ただ，エリクソンの催眠は，プロクルステスのベッドのたとえで「患者をベッドに合わせて引き延ばすことや切り落とすことはしない」とよく彼が話していたとおり，「患者」を「トランス」と読むと，トランスをそのままであつかうという意味で，それを「診て」いたように思えます。意識に関しては，その行為が「デフレーミング」と称されるように，意識の枠組みを破壊するような行為が多く，それを視ていたのではないでしょうか。実際の臨床記録をみていてもそのような傾向をみることができます。催眠のフォーマットでこれを実践していくのは，結構難儀なことです。亡くなった森俊夫先生が「エリクソンの催眠は他のどれとも違う」

注1）NLP（神経言語プログラミング）などで用いられる条件付けの一種で，ある仕草，言葉，音楽などの刺激で特定の反応や感覚をひきだす手法です。世間的にはこれを「暗示」ととらえている人もたくさんいますが，暗示ではなく「意識づけ」です。催眠の中で「発見した」ことを「〜をするとこのことを思い出します」とアンカリングすることはよく行われる意識づけです。

「エリクソンは意識と戦っていた気がする」とおっしゃっていたことを僕はいつも思い出しています。

V　看ることと見ること

トランスを大事にする

　最後は，看ることと見ることですが，これはどちらもトランスを大事にする行為ですから，同時に説明していきます。

　看ることとは，看護の看ですから，当然対象を「お世話する」ことになります。一方で見ることとは，「傍観する」ということでもあります。トランス療法では，このどちらも同様の行為として考えます。一見すると正反対の行為にもみえますが，エリクソンが言うように，「無意識にまかせる」ということを考えたらどうでしょう。

　看るという行為を考えてみましょう。看護でいうならば，看ることは最初はトイレや歩行など世話をやきますが，少しずつそういうことができだすと，今度は「自分でできることは自分でやりましょう」という世界になってきます。要するに「自立を目指す」ということです。病院に入院した経験のある人はわかりますよね。

　自立を目指すのが目標ですから，看ることの視点は，「何ができて何ができないか」という，クライエントの能力におかれます。セラピーで接するクライエントは重病人ではないことが多いので，こと行動や心理的な問題に関しては，当然できることのほうが多く，できないことは「避けている」傾向が強いと言えます。このことを考えると，保育園の園児を看ている感じになりますね。看護というより保育士さんのような見方が近いかもしれません。とりわけトランス療法では無意識とトランスに注目しますから，そ

の人が無意識的にできていることと無意識的に避けていることを
看ることになります。

　このことを考えると，その無意識的にできることと無意識に避
けていることを直接的にクライエントに伝えればいいじゃないか，
という考え方にもなります。できることを見つけてほめることは
コンプリメント，避けていることに言及することは直面化などが
よい例です。ただそういったことには副作用がつきものです。「褒
められたからやった」「言われたから気がついた」という反応がク
ライエントに出てきて，その結果，クライエントが受動的になっ
てしまい，自ら行動することや何かを見つけることをやめてしま
う，といったことです。「クライエントが自ら何かをする」という
トランスセラピーの目標を思い出してください。

　また，無意識的なものですから，何かが意識化する一方で，何
かが無意識に落ちてしまいます。例えば塩加減が上手でそれを心
がけていた料理人が，高名な料理評論家から「包丁使いが上手だ
ね」と言われたとしましょう。その料理人は包丁使いを意識する
ようになり，今まで心がけていた塩加減が適当になってしまって，
結果，料理の味が落ちてしまった，といった現象があったとした
ら，それにあたります。

　ただ，この料理人が自分の料理の腕に自ら疑問を抱き，「これか
らは塩加減だけではなくて包丁使いも心がけるようにしよう」と
考え実行したとしたらどうでしょう。そういった場合，おそらく
料理の味は落ちないと思います。その理由は「モチベーション」
です。エリクソンはモチベーションを大切にしていましたが，「自
ら」を大切にしていたエリクソンの言うそれは，「人から褒められ
た」ものではなくて，「自らそう考えた」ものであると考えられま
す。実際僕も臨床場面で双方に出会いますが，自らモチベーショ
ンを持ったほうが圧倒的に成功率の高さを経験します。反論もあ

るでしょうが，少なくとも僕はそういった無意識観でトランス療法を組み立てています。

看ることとモチベーション

それでは，モチベーションを高める看かたというものは，どういったものでしょう。トランス療法ではそれを，クライエント任せ—トランスに任せる，と考えます。言ってみれば「ほっとく」ということにつながります。そしてクライエントのトランス—無意識に備わっている能力にアプローチしていきます。能力に直接言及してしまうと，前述の料理の味が落ちてしまった料理人，となりますから，それは自然に間接的アプローチとなります。つまり，看るという行為は，意識・無意識にある能力を発揮できるように，トランスが動ける場を与えていくということになります。

例として保育園での場面を想像してみましょう。保育園児の中に「ひとりで遊ぶ能力」を見つけたら，遊ぶものがたくさんある遊び場に連れていくということが，看るという行為です。遊び場に連れていかれたら，幼児はトランスをすぐに発揮しますから，何らかの行動を始めます。ブロックで遊ぶのか，砂場で遊ぶのか，ごろごろ転がるのか，走り回るのかやってみなければわかりませんが，少なくともそれらはすべて園児にある能力でそれを発見することができます。園児が何もせず座っていたら「じっとしている能力」で，「一人で遊ぶ能力」はまだ備わっていないのか，一人で遊ぶことを避けている，ということになります。

例えば，園児が誰かにくっついて遊んでもらうことばかり要求していたら，一人で遊ぶことを避けているのかもしれません。その場合，園児の前におもちゃをいくつか並べ，好きなものを一つ選ばせるのもいいかもしれません。その場合，遊ぶことは要求しません。これも看るという行為です。おそらくその園児は無意識

的にひとりで遊ぶことを避けていますから，誰かのもとにそのお
もちゃを持っていくかもしれません。ただ，しばらくして偶然そ
の誰かが席を外したら，ひょっとすると，そのおもちゃを使って
一人で遊びだすかもしれません。これは避けていたことを忘れた，
ということで，トランス－無意識の能力です。

　ちなみに，園児の前にブロックを置いて「これを組み立ててごら
ん」と要求するのは「教育行為」で看ることではありません。看
る行為は教育行為ではありませんから，直接的な行動的を要求す
ることはありません。場を与えたらそこで自由に行動してもらう
こと，これが「無意識にまかせること」につながっていきます。

可能性の発見

　看るという行為は，保育園の例のようにクライエントの意識・
無意識の能力や可能性を発見することにつながります。発見する
こと，これが「見る」行為です。観る行為でも，思わぬ洞察が連
想されることがありますが，これも見る行為につながります。

　看る行為は，場を与えていくこと，間接的なアプローチにつな
がっていきますから動的な行為ですが，見る行為は，発見したら
それをクライエントに伝えますが，それをそのままにしていくこ
とですので静的な行為です。これはクライエントにも共通した行
為で，クライエントが「何か」を発見したらそれに続けていろん
なことを要求することはせず，クライエントの自由な行動や発想
にまかせていきます。発見と見守り，そういうことになるでしょ
うか。

　このように，看る行為と見る行為は，トランスを大事にする，つ
まりトランスの動く場所を広げ，それから何かの発見があっても，
それをトランスに返していく行為です。

観察の連動

観察という行為を，診る，観る，視る，看る，見るの5つに分けて説明してきました。最初にお話ししたように，これはOASISのそれぞれとつながっています。この中でも診る行為は観察の中核的行為で，これからすべてが始まりますし，面接を通してこの見方を意識しておくことが大事です。あとはASISとつながっていきますが，順番に中心となる観察の見方をなぞっていってもいいですし，ランダムに変えることもかまいません。大事なことは互いの観察行為が連動しているということで，ある見方をやっていったら自然に別の見方も生じてくるということを体験していってください。最終的にはすべての見方がごちゃ混ぜになってもかまいません。

とにかく観察という行為はトランス療法の中でも，最も重要なところです。人によっては5つの見方の中で得意なものや不得意なものがあるかもしれません。実際のセラピーでは得意な見方に偏るかもしれませんが，不得意な見方も「そういうこともできる／おこる」ということを，何となく頭の片隅に置いておくことは重要なことです。

第3章

連　　想

Ⅰ　連想に関する私見

連想と自由連想と構造主義

　連想に関しては，トランス療法ならずとも，さまざまな心理療法で利用されてきた方法で，この要素を含んでいない心理療法のほうが少ないくらいです。有名なのは精神分析の自由連想で，フロイトは当時催眠の代わりに自由連想を用いるようになったといわれています。有名な神田橋條治先生も「精神分析で最後に残るのは自由連想だ」とおっしゃっていたようで，やはりこの発想は，たいへんなものだったということがわかります。

　世間の人は僕のことを，ブリーフセラピーや催眠をやっている人，だと定義づけていると思いますが，サイコセラピー関連で僕が一番影響を受けたのは，エリクソンをのぞけば，「フロイトの」精神分析だと思います。哲学ではフランスの構造主義です。ですから，僕にとってのフロイトは，構造主義の一部で，ラカンやクリスティーヴァと同じところにいる人，ということになります（ちなみにフロイト以降の精神分析については構造主義ではないと思いますので全く興味がありません）。

　サイコセラピーを人前でデモンストレーションすることを始め

てから今まで,「無意識」という概念は僕の中の中心概念です。サイコセラピーは無意識を取り扱わなければ何の意味もない,という偏見さえ持っていました。構造主義を知ってからはその考えはもっと進んで,無意識をいじったりさらしたり解剖することなく,無意識が動く,というサイコセラピーが理想的だと思うようになりました。構造主義では無意識は構造そのもので,構造がいったんさらされ意識されてしまうと,構造は構造ではなくなり,痕跡でしかなくなる,と考えます。ですからよくサイコセラピーで言われる「無意識を意識化する」というのは僕にとってはありえないことなのです。ですから催眠に違和感を覚えたのは当然で,催眠をやっていたころから,無意識は無意識のままでトランスはそこにあるだけ,トランスは縛らずに触れ親しみ遊ぶもの,そうしているとあとはトランスが答えを出してくれる,というように心がけてきましたが,前述したように誘導と解催眠を含んだ催眠の構成では,やはり無理がありました。そこで「誘導」自体をおいておいて,トランス療法という作業を始めたわけです。

　トランスは無意識の表現型です。前章で述べたように,トランスを観察し大事にしていくことで,必然性に従ってトランスは活性化し無意識は動き出します。その観点から見ると,自由連想というのは,僕にとっては,無意識を意識化していく作業ではなく,無意識に接していく,つまりトランスに触れていく行為ではないかと考えました。それに連想を個人の中だけではなく,「やりとり」としていくと,そこに自然なトランスが発生するだけではなく,クライエントの無意識とセラピストの無意識が何らかの相互作用をおこし新たなものが生成されていくのではないかと考えました。

第3章 連 想 **65**

連想的会話

　そういうわけで最初に，連想を主体にトランスに触れ親しんでいく，「連想的会話」という方法論を構築し，臨床的にもそこで自然なトランスがあらわれ，そのトランスを操作することなしに，連想をすすめていくだけで，新たな洞察や行動変容などの臨床的効果が得られることを確認しました（僕は何でも臨床場面で確認しないと気が済まない質です）。また，連想が問題とはほとんど関係のない方向に流れていっても，臨床的効果は同じでした。さらに，連想的会話を用いたセッションの次の回のセッションで，クライエントが自覚していない変化，つまりクライエントが「あまり変わっていない」と自覚していても，表情や立ち居振る舞いが相当に変化し，クライエントが「よく考えてみると」，体調がよくなっていたりうつが改善していたりこだわりが消えていたりといったことが，頻回に経験されました。ということは，連想的会話で，もしくは連想的会話を行った後に，無意識の部分が確実に動いていたことになります。

　連想的会話をきっかけに，エリクソンの言葉や仕事，今までの自分の仕事を見直し，増井武士先生のスーパービジョンを受けたこともきっかけになって，「メディアを使った連想」「アネクドート」といった具合に，連想に関する方法論が広がっていきました。

　まずは，連想の基本的なところを説明し，各々の方法論についてお話していきます。

Ⅱ　連想の基本

連想の形式

　連想に関してはさまざまな形の日常会話の中で使われています。たとえば,

　S：「今日の夕飯のおかず何にされますか？」

　C：「そうねぇ,サンマがいいかな,でも肉も食べたいかな」

　といった具合です。これは「what」の形をとった質問に関する連想で,この例では「夕飯のおかず」というテーマに関しての「答え」という形式をとり,連想の範囲が1対1対応で規定されます。これをトランス療法では「閉じた連想」と呼びます。これを続けていくと意識的な文脈が形成され,連想は文脈を意識したものに偏っていきます。日常会話,一般のサイコセラピー等では,この閉じた連想が用いられるのがほとんどです。

　一方でトランス療法ではこういった形の連想を用います。

　S：「今頭の中にどのようなこと浮かんできましたか？」

　C：「うーん,不意に恩師の顔が浮かんできましたね,何か言っています」

　S：「うーん,そうですか,ちなみに顔という言葉にどのような感じ,もしくはイメージを持たれますか？」

　という感じです。これは質問が「how」つまり「どのような」という要素を含んでいるため,答えるほうは純粋に自分の頭の中に浮かんできたことを答え,内容は規定されません。これをトランス療法では「開かれた連想」と呼びます。こちらは連想をする主体に依存した連想で,意識的な文脈を形成しにくい方向に行きがちです。例えば,つまらない会話で,相手が「これってどう思

う？」と聞いてきても，「それってどうでもいいし，それより週末はどこで過ごそうかしら」「これ，よりあなたの体調の方が気になるんだけど」と連想することもあるでしょう。さらに言えば，前述のやりとりの例を見ればわかるように，開かれた連想を使ったやりとりは，自然に問題を間接的にあつかうことになっていきます。

　トランス療法の中で閉じた連想を使わないかというと必ずしもそうではありませんが，開かれた連想のほうが，意識的な文脈を外れるという意味で，無意識の方を向いていますので，トランス療法では必然的に開かれた連想を使う頻度が多くなります。

　もう少し詳しく説明します。閉じた連想と開かれた連想のどちらもクライエントの没入を伴いますから，トランスがあらわれかけてはいます。しかし，先ほどの閉じた連想の後の展開でセラピストが「僕は肉がいいですね，ああ肉が食べたい」と連想してしまうと（ほとんどの人が食べ物の連想をしてしまうと思います），連想が「今晩のおかず」という一つのテーマの周りをぐるぐる回ることになってしまって，どんどんその文脈に沿った答えを「考える」ことになってしまいます。考え答えを出そうとする行為は意識の働きですから，こういう展開ではトランスが隠れて観えなくなる，ということになります。

　また，上記の開かれた連想の例でも，「恩師は何とおっしゃっているのですか」とセラピストが質問してしまうようなことも同様の結果を生みます。質問に明確に答えようとする行為つまり明確化も意識の働きです。そして話を解釈すること，例えばセラピストが，「この話にどういう意味が含まれていると思いますか？」と質問することも同様で，意識の働きを活性化していき，トランスが観えなくなってしまいます。

セラピストの連想

では，どのようにすればトランスの自由度を確保し，トランスを観て楽しむようにできるのでしょうか。

答えは簡単で，セラピストが「そうですか，それからまたどのようなことが浮かんできましたか？」と開かれた連想を促していくか，セラピストがクライエントの話を「漠然と」聞いていて自分の中に浮かんできた連想をクライエントに話すか，もしくはクライエントの話の中で気になった部分や言葉に関してクライエントの連想を促すかのどれかです。

最初の答えはまさに自由連想で，連想が豊かなクライエントだと連想がどんどん進んでいって，ついにセラピストは「続けて」としか言う必要がなくなります。ただこの形だと，連想が「広がって」行けばいいのですが，セラピストの連想が関与していない分，例えば上の例で行くと「恩師に会いたい」「電話番号を調べなきゃ」という直接的な行動を「考えて」しまうことになりかねません。

何度も言いますが考えることは意識の働きですから，トランスを「看る」ことを怠ると，つまり間接性を失うと，これもまたトランスが観えなくなることになってしまいます。先にも触れたことにも関連しますが，開かれた連想，とりわけセラピストの開かれた連想は，トランスを大事に看ることにつながります。

連想が上記のような文脈に沿ったものに終始しないようにするためには，２番目の答えのようにセラピストがクライエントの連想を促していくと同時に，前述のようにセラピストの中に「浮かんできた」連想を話していくということが有効な手立てになります。例えば同じ例で考えると，セラピストの連想として「私の頭の中には，セミの鳴き声とか，風の音とかそういうものが浮かん

できました」といったように，いろんなものが浮かんでくる可能性があります。ここで大事なのは，「僕」や「私」，つまりセラピスト自身が主語，主体になった連想であるということです。セラピストが主体的に連想に「没入」することにより，クライエントもその影響を受け，連想のプロセスは進んでいきます。

　3番目の答えも同様で，クライエントに投げかけられる形がイメージから「単語」に変わっただけで，セラピストの主体的な連想がそれに含まれていることに変わりはありません。クライエントが発した言葉の中のある部分や単語が気になるということは，その背景にセラピストの「なにがしかの感覚」が連想されたことになります。そのなにがしかの感覚は言語化できない無意識そのものではないでしょうか。上記のやり取りの例でいくと「顔」という単語に，セラピストは言葉にできない連想を持ったということになります。一見すると顔というテーマに関してセラピストが明確化を求めているようにも見えますが，顔が「何」であるか，「何を意味している」のかを聞いているのではなく，あくまで顔に対しての「どのような」連想を持つかを訊いています。これは，「セラピストの無意識から発せられた質問」ということですから，クライエントの無意識を刺激するという意味でも，多用する質問です。

　そしてこれをもとに，セラピストはこれらの促しや問いをクライエントに投げかけます。それに対してクライエントは「私は学校が嫌いで，ただその先生だけは私によくしてくれました」「何か学校の時の夏休みを思い出しました」「顔っていつも私を責めてるようなイメージなんですよね」といった連想を話してくれるかもしれません。そしてその連想が進むようにセラピストが促す，セラピストが自分の連想をクライエントに話す，クライエントの連想から気になったことを取り出す，といった行為を続けていった

ら,「連想のリンク」が始まり,クライエントはどんどん自分の連想に没入していきます。つまりそこにトランスがあらわれるのです。

たとえ閉じた連想からスタートするにしても,上記のようにして最初のテーマを気にせず連想がどんどん広がっていくようにすれば,連想のリンクは広がっていきます。例えば今晩のおかずへの連想がサンマだとしたら,それから「サンマの生態」などに話が広がっていけば何の問題もありません。やり方次第です。

大事なことは明確化や解釈のように,セラピストの意識で連想をコントロールすることを避ける,ということです。

連想とメタファー

連想がすすみ,トランスがあらわれる過程で,連想自体に加え,連想しているクライエントの全体像を観察し,トランスを診ていくのは当然大事な作業です。例えば先の例で「そのような連想がスムーズにあらわれてきたことにびっくりしました」(連想を診て言及する)「連想していくと自然に体の動きも止まっていきますよね」(全体像への言及)「何かこう,フッとその感じがよみがえってくるというか,過去の中で止まっている光景という感じですか?」(連想,「止まっている」全体像を診て置換)というような,診て刺激をしていく作業を挟み込んでいくことは,連想,すなわち没入-トランスを進めていく上でも重要な作業になります。

最後の,連想と全体像を診て置換する作業は,自然にいわゆるメタファーになってきます。つまり,トランス療法では,クライエントから発せられた題材(連想と観察事項)とセラピストの連想からメタファーは自然に得られるものと考えます。互いの連想は意識的かもしれませんが,観察事項は無意識的なものです。メタファーは表面的な言葉(意識)とその裏側の意味性(無意識的

なもの）からなっています，つまり無意識的な観察事項を置換して表現すれば（上記の例でいうと止まっている光景ですね），メタファーが成立します。構成要素が全部意識的なものだったら，何にも「裏に隠れた」ところがなくなりますからメタファーは成立しません。連想の部分も没入－トランスからあらわれてきたものであれば，より複雑なメタファーとなり，いわゆる「多重コミュニケーション」という状況が自然に発生します。同じ上記の例で，「よみがえってくる」がセラピストの無意識の連想のメタファーであることはお気づきいただけたでしょうか。

　メタファーがクライエントの没入－トランスをすすめる刺激となるためには，必ずしも多重コミュニケーションの形式になることは必要ないのですが，少なくともクライエントの全体像から診てとれる，トランス－無意識の観察が必要になります。このところで，クライエントを診ると同時にセラピストも自分自身を診ていったら，上記の例のように，セラピストにトランスが生じ，セラピストの連想は無意識から生じやすくなります。これは，あとでお話しする「アネクドート」につながる重要な作業です。

自動連想

　没入－トランスがあらわれ，安定した状態になったらクライエントから，最初の話題とは違った文脈の，「私は実は子どもが嫌いです」「ぐうたらにしていたいんですけどね」「お金があればなぁ」といった連想がひょっこりあらわれてくるかもしれません。そういった現象を，トランス療法では「自動連想」と呼びます。

　自動連想と言うと催眠で言う「自動書記（automatism）」を思い出される方もいるかと思います。自動書記とは，催眠下でクライエントに何か書くことを要求すると，普段では全く思い出せなかった過去のことや未来のこと，何かの単語，外国語などがラン

ダムに書かれていく，といった現象です。実は僕は催眠の本質は
この自動書記にあると思っています。それは，自動書記的な現象
が，無意識から発せられた言語，イメージ，表現，感覚が，自分
の意識とは関係なく，次々とあらわれてくる。このような純粋な
無意識の表現を引き出すのが，自然なもの，人工的なもの関係な
く，「トランスの働き」であると考えているからです。

　したがって，トランス療法での自動連想は，催眠における自動
書記と符合しています。

　自動書記は深いトランスの中でしか起きない現象であると考え
られていますが，それは「書く」という行為が催眠で言うところ
の「観念運動」（腕が上がっていくという腕浮揚が代表的です）を
含んでいるからです。自動連想はその点，喋る行為ですから，書
くことよりも簡単です。とはいってもその形は前述の例のように
断片的な形であることが多くなります。「こうすればいいんだ」と
いう洞察の形になることもありますが，多くはありません。

没入が極まる

　このような自動連想があらわれてくる時には，当然没入があり
ます。ただ，催眠誘導でみられるトランスで視られる没入現象が安
定して続く状態であるのとは違って，連想の基本の中でも少し触
れたように，連想的会話で診てとられるトランスは，没入に関し
ては安定した状態がいつまでも続くとは言えません。これは，連
想的会話でみられるトランスが，催眠誘導で作られ管理されてい
るトランスではなく，自然なトランスに依拠するゆえです。例え
ば好きなテレビドラマに夢中になっている時でも，電話はとるし，
お湯が沸いたらポットに入れます（それをしない人もいるでしょ
うがその人はよっぽどの「強者」です）。没入は自然なトランスに
おいては長くは続かないのです。

ちなみに解離はこの逆で催眠トランスでは不安定なものとして扱われる傾向がありますが，自然なトランスでは「余韻」が残りやすいトランスです。通常の誘導がないときの解離，例えば，「解離性障害」として扱われる健忘や感覚脱失などは非常に長く持続し，回復に時間がかかります。DSMなどの診断基準に「没入性障害」というものがないのはなぜでしょう。それは通常の状態では没入が長く続かないという証拠です。解離については次の章で詳しくお話ししましょう。

自動連想があらわれてくる時のクライエントのトランスを診てみると，言うなれば「没入が極まった」状態にあります。これは，ふらふらした没入（意識的なところと没入－トランスが入れ替わり立ち替わりあらわれている状態）が，セラピストやクライエントの意識に管理されなくても，自然にしっかり座った状態になっていることです。

没入が極まると，外見的身体的には，視点が座っている，姿勢が動かなくなる，口ごもる，ため息をつく，眼をつぶる，うつむき黙り込む等の特徴が診てとれます。このような時には，自動連想が自然にあらわれてくるように，このような身体的特徴には直接言及していくよりも，置換して伝えることも大事です。例えば「そうですね，それでいいと思います（動かないことの置換）」「何か見えてきましたか（目をつぶることの置換）」「多くの言葉はいらないし，言葉より大事なものがありますよね（口ごもる，黙り込むことの置換）」といったことでしょうか。また，黙って見守るということもよいでしょう。没入が極まった状態には，それに間接的に接し，トランスを大事に看ていくことが重要になります。

自動連想の性質

自動書記が催眠の本質であるのと同じように，自動連想もトラ

ンス療法の本質的なところです。ですから，自動連想が無意識の
はたらきをトランスによって表現しているのは言うまでもないこ
とです。それでは催眠トランスを使えばより没入－トランスが極
まりやすいだろう，と考えるのは早計です。自動連想は自然なト
ランスの中での自発的な現象ですが，これを一般的な催眠トラン
スでやろうとすると，催眠の縛りを受けているため，起きにくく
なってしまう可能性が強くなってしまいます。催眠の中での連想
は「文脈に沿ったもの」が多くなるものです。催眠の中で文脈と
は関係のない連想が多くなるようにするには，エリクソン的な工
夫が必要になってくるのですが，それはトランス療法とは違った
話になるので，別の機会にお話しすることにします。

　一般の催眠では観られない自動連想の利点は，それがトランス
療法の面接の中だけではなく，面接が終わった後に，クライエン
トがひとりの時，家族といる時，友人といる時，ペットと遊んで
いる時等にもおこることがよくあることです。

　連想，特に自動連想は，トランスの中で連想のリンクが体験され
れば，その後の生活の中でもトランスを伴いながら発生すること
が多くなります。そしてそれはクライエントの今までとは違った
行動に結びつきます。つまり，自動連想はトランス療法の目的で
ある「クライエントが仕事をする」ということに直結しているこ
とにもなります。僕のクライエントをみてみても，面接中よりも
その後の経過の中で何かを連想し，自ら活路を見いだすケースの
方が多いくらいです。ですから面接中の連想が中途半端な形で終
わったにしても，気にすることはありません。むしろ答えの出な
い，不完全な連想のほうが，クライエントの生活に与える影響は
大きいように感じます。その後のクライエントの行動を観て，変
化を見ていくのもまた楽しいものです。

　その際自動連想は健忘されていることが多いものです。これは

暗示によるものでもなんでもなく，自然な現象です。自動連想は
トランスを通じた無意識の表現型ですから，意識の世界が再び動
き出した時には，無意識は埋没するので，必然的なことでしょう。
例えば，クライエントの自動連想で「もっと仕事がいいかげんに
楽にできるというイメージがあらわれてきました」というものが
あらわれてきたことがあります。その後の面接では「いやぁ，仕
事が忙しくなって，でも前より楽です」という状態でした。しか
し，前述の自動連想については「そうでしたっけ」という反応で
した。その後のこのクライエントは，どんどん仕事を楽にしてい
ったようです。

　望ましくないのは，せっかく自動連想であらわれてきたものを
必要以上にセラピストが強調し，「そのことがクライエントの頭か
ら離れない」状況になることです。これは明らかに自動連想をク
ライエントが意識で管理しようとしている状態です。こうなれば
もう「強迫思考」と同じことです。前述の例でいうと，「仕事をい
いかげんに楽にしなければ」という思いが頭にこびりついていた
ら，そうはいかなかったでしょう。ですからトランス療法は，自
動連想がでてきても，それをことさら取り上げるようなことはし
ません。面接のまとめとして触れてもいいと思いますが，トラン
スを「診る」ことができていると，それも必要ないものです。

　自動連想が健忘されるという現象は，にわかには信じがたいと
思えるかもしれませんが，僕がこれまでやってきたワークショッ
プのデモンストレーションで，数多くお見せしてきたところでも
あります。

再び連想の基本

　以上が，トランス療法における連想の基本的なところですが，も
う一度以下にまとめてみます。

①連想には，閉じた連想，開かれた連想，そして自動連想といった形がある。

②クライエント，もしくはセラピストの開かれた連想で連想は始まるが，連想がリンクしていくためにはセラピストとクライエントの双方が，自らを主体とした連想を進めていく必要がある。

③連想のリンクをつくり，没入をすすめるためには，クライエントの連想に対してセラピストがそれを促すか，セラピストの連想そのものを伝えるか，クライエントの連想の一部にセラピストが反応しそれに対するクライエントの連想を訊いていく。

④この時に連想のある部分を明確化しようとする，連想の意味を解釈しようとすることは意識の働きで，没入を妨げ，トランスが観えなくなる行為になるため避ける。

⑤没入をすすめるには，クライエントの連想，全体像を観察し，「診て伝える」行為が重要になる。

⑥診て伝える際に，置換をするとそれがメタファーとして作用し，クライエント（セラピスト）の没入をすすめる。

⑦没入が進むともに，トランスが本格的に動き出し，没入が極まると，意識的な文脈とは関係のない自動連想が発生してくる。

⑧自動連想が起こると，クライエントが自ら行動を起こすことに結びつきやすい。

⑨面接の中での自動連想に関しては，クライエントが健忘していることも多い。

⑩自動連想は，面接の後クライエントの生活の中で起こってくることもよくある。

連想の基本は以上です。いずれも簡単なことではありますが，実際にやってみると難しく感じられるかもしれません。僕が過去に行った研修でも，今まで催眠を経験した人達を中心にそういったコメントが聞かれました。皆，少々トランスを意識しすぎていたようです。ただそのような人たちでもこのプロセスに慣れてくると，簡単に感じられるようになるようです。連想のリンクを進めていく最大のコツは，トランスのことはあまり意識せず，セラピスト自らに没入し，相手のクライエントのことはあまり気にせず，セラピストの連想をモラルの許す範囲でただ伝えていくということかもしれません。

Ⅲ 連想的会話の方法論

連想的会話の成り立ちと手法

連想的会話は，トランス療法の中では僕が意識的に構築していった方法の中では最も初期的な形です。エリクソンは連想的会話のように連想をリンクさせていく手法はあまり用いていなかったようでしたから，どちらかというとフロイトの自由連想に影響を受けたものかもしれません。当初は催眠誘導の代わりに連想を使うことで，自然なトランスを活用しようというのがその目的でした。結果的に自動連想と呼べる現象が発生し，僕が催眠で用いていた他の手法も取り込んでいって，トランス療法が形成されていきました。

連想的会話の手法はいたってシンプルで，前記の連想の基本をただ繰り返していくわけです。通常はクライエントに「今，頭の中にどんなことが浮かんでいますか？」と尋ねるか，「今僕の頭の

中に○○○ということが浮かんできましたが，それを聞いてどんなことが頭の中に浮かんできましたか？」という問いかけをすることで始めます。どちらも開かれた連想を求めています（閉じた連想を求めていかない理由は前述の通りです）。

あらわれてくる連想については，イメージでも，単語でも，色や形でも，何かの感覚でも構いません。全ては連想のリンクにつながって，それから没入につながっていけばいいわけですから，形は問いません。例えば，クライエントが「奇妙な感じです」と答えたら，セラピストは「奇妙，という言葉からどんなことを連想しますか？」と尋ねます。その後，クライエントからの連想があらわれてきたら，セラピストはその内容を聞いていて浮かんできた連想を話すか，前のテーマで浮かんできていた自分の連想を話します。大事なのはこの時点でもうセラピストは，セラピストの自由な感覚で連想を話していくことです。例えば，クライエントが「サーカスのピエロです」と答えたら，セラピストはサーカスでもピエロでも，その他自分に勝手に浮かんできた連想でも，「奇妙」という言葉に関する連想でも，文脈に関係なく，何でも話していいということになります。

それからは，セラピストは互いの連想の主体性を擁護しながら，互いの連想を話す，というプロセスを続けていきます。例えば上記の例で「奇妙な感じです」という答えに対して，セラピストは「どの辺りが奇妙だと感じますか」ということは聞きません。理由は簡単で，これは「閉じた連想」を求めていく作業で，主体的な連想というより，文脈に沿った連想を求めていく作業になるからです。文脈はあくまでも意識から生み出されたものです。イヌやネコの行動からは文脈は感じ取れません。つまり無意識には文脈はなく，断片的な言語，イメージ，感覚，生きていくために必要な行動があるだけです。

連想的会話と無意識

　無意識は断片的なものとして表現されますから，当然それを大事に看ていくことは大事なことです。そのためにはセラピストの作業として，無意識を表現しているところ，つまりトランスを診て伝えていくことは時折織りまぜていくことになります。例えば「時々夢うつつになることはありますよね」（外見的なところを診て言及する）「何かが浮かんで，それを忘れても時々思い出したりするような，無意識にはメモ帳のような機能があるのかもしれませんね」（話に没入していくところを置換，メタファーとする）といったことを挟み込んでいくことは，連想をすすめていくのに，有効な作業となっていきます。

　この作業を続けていくうちに，「互いに勝手に話している」状態になります。その勝手な話の中に，自動連想が含まれているのです。気をつけなければいけないのは，連想の基本でも触れたように，自動連想は必ずしもクライエントの話す言葉全体ということではなく，言葉の断片であることのほうが多いことです。それは決して「結論」ではないので，連想のプロセスでところどころにあらわれてくるものです。ですからこういった「断片」が頻回に出現するようになったら，僕の場合はそれを楽しみ，適当なところで作業をやめます。セラピストとしてそれは不安な行為かもしれませんが，そういうことはありません。クライエントは，「面接の後」で「答え」を出してくることが多いからです。

　例えば，不登校の子どもを持つお母さん（学校にかなりの不満をおっしゃっていました）と，社会情勢についての連想で語り合ったことがあります。その時に本当にチラリと，「どうでもいいですね，自分のこと考えなきゃ」，といった連想が出たことがあります。そこでしばらく話してから面接をやめ，その後の経過をし

ばらく観ていたら，なぜか学校と協力的になり，不登校のほうも徐々によくなっていきました。もちろんチラリと言われた自動連想は，見事に健忘されていました。

会話をやめるタイミング

ということで，連想的会話を止めるタイミングですが，単純にクライエントとセラピストの没入が途切れてきたとき，と考えて良いでしょう。これはセッション，クライエント，セラピストの好みなどいろんな要件が加わります。僕の場合はとても短くて，やりとりとして4，5回のやりとり，時間にして5分くらいのことが多いでしょうか。エリクソンとかは，後で述べますが，多分2，3回くらいのやりとりか，一方的に自分の連想を語るだけというのが多いかもしれません（エリクソンは連想を自分のテーマにしていなかったので当たり前の話です）。でも研修会などで見てみると，人によっては20分以上このやり取りを続けることができる人がいます。そのくらいじっくりと連想を続けることができるのは，やはり才能ですか。僕にはあまりその才能がないらしく，少ないやり取りが何回か続いて終わり，ということがほとんどです。

僕の連想的会話を止めるタイミングは，自動連想がいくつかあらわれてきたな，もしくは何回か没入が極まったなと思ったらすぐにやめます（面接自体をやめるのではなく，連想のプロセスを，という意味です）。僕の場合はトランス療法に慣れていますから，自動連想をある程度（全部ではないと思います）把握できますが，慣れていない方はあまり把握できないかもしれません。ですから，クライエントに何回か，没入が極まったという状態が診てとれたら，それでやめて構わないと思います。自動連想は「クライエントのもの」ですから，セラピストがそれを全部把握し管理する必要はないのです。前述したようにそこに自動連想があらわれてい

たら，生活の中でクライエントに何らかの変化が（小さな変化かもしれませんが）あらわれてくるものです。

　しかしながらセラピストによっては，「洞察」のようなものがあらわれてくるまで，やめない人もいるでしょう。当然，というか全然これは悪くはありません。洞察には当然，少し意識的な刺激やまとめ（間接的アプローチと言ってもいいかもしれません）が入ります。それが極端なもので指示的なものでなければ，それもいいかなと思います。トランスの観かたは人によってそれぞれですから。

　僕も，例えば自傷をもつ子どもの親御さんと話していて，テレビのアイドルとかの話をしながら，結構長い時間話して，親御さんが，「（子どもを）守ってあげればいいんですね」と洞察的なことを言われた時，単純に嬉しかった経験があります。その後はまあ良い経過をたどったのですが，その面接の後は，「そこまで話を詰めなくても」と反省しました。でも，最近はそれでもいいかもと思っています。連想に関してはそこまでストイックにならなくても，と思えるようになりました。多分それで良いと思います。

IV　メディアを使った連想

メディアとは

　皆さんは，エリクソンの「水晶球テクニック」というのをご存知でしょうか。1950 年代にエリクソンが「臨床実験」を行った記録として，エリクソン自身が論文を書いています。それは，深い催眠下で，クライエントに水晶球の列をイメージしてもらい，そこに近未来の自分の姿を映し出して見てもらう，おまけにそのことは健忘させてしまう，といった実験で，結果は見事に全事例で，

水晶球の中で起こった「予想」をクライエントは「実現」させていました。これから派生したものが，ソリューションフォーカスト・アプローチのミラクルクエスチョンとお話ししたら，結構理解していただけるでしょうか。

この水晶玉のような働きをするものを，トランス療法では「メディア」と呼んでいます。

メディアを使った連想ですが，僕はかなりエリクソンの水晶球テクニックに影響を受け，最初は原本通り催眠の中でやっていました。そのうちにこれは催眠誘導でなくてもできることに気がつき，メディアもイメージでは水晶球だけではなく，TV モニター，スクリーンなどを用いましたし，現物では白い紙，ペットボトルなどいろんなものを用いるようになりました。以前，故松原秀樹先生の代行として，箱庭療法のワークショップをした（もちろん僕は箱庭は素人です）こともすごく経験値になって，人間性心理学会でも「メディアを使った心理療法」というテーマでお話させていただいたこともあります。

メディアのつかいかた

メディアを使った連想は，連想的会話に比べると，セラピストは観察者でより「診る」立場が強調され，クライエントの連想に比重を置いた方法になります。セラピストはクライエントの連想を促し，セラピスト自身に浮かんできた連想を話すことはもちろんですが，その補助として，メディアに映し出された連想だけではなく，連想しているクライエントの全体像を観察し診てとったものを伝える作業に比重が置かれます。ただ，メディアに映し出しているのは必然的にクライエントの連想が主となるので，セラピストの連想は補助的なものとなりやすくなるため，上記の立場に結果的になっていく，ということです。

第3章 連 想　　83

　例えば，白い紙をメディアとして用いる時に，クライエントが
「小さな女の子が遊んでいる光景が見えます」という連想が出たな
らば，セラピストは「他にどんなものが見えますか？」と促しな
がらも，セラピストは連想や観察結果を伝えていくことになりま
す。

　セラピストの連想の表現は，まず，「僕はそれを見て穏やかな少
年時代を思い出しました」「遊んでいる，というのが気になったの
ですが，それを聞いてどんなことが浮かんできましたか？」など，
連想的会話と同じようにメディアに映し出されたクライエントの
連想の形をダイレクトに伝える形があります。

　次に，クライエントの全体像を診て「そのイメージに集中され
てきているかもしれませんね」と伝えるような，クライエントの
トランスを診て観察結果に言及する形もあります。

　加えて，クライエントのトランスに何がしかの動きを診てとり，
セラピストの連想にも「動き」に関するものが浮かんでいる場合，
「はっきりとはしていませんが僕にはその女の子が何かしら動い
ているようにも見えますがどうでしょう」「その場面の中に流動的
な感じ，例えば時間的なものとか他のものが含まれているとした
ら，どのようなものでしょうか」と，観察結果を置換し，連想と
絡めた形で伝えることもできます。

　このようなやりとりは，連想的会話と少し違って，セラピストの
作業が「問いかけ」という形に偏ってくることは必然的なことで
す。上記の例でもわかるように，セラピストの連想をダイレクト
に伝えていくよりも，観察し診てとったことを織り交ぜ，なおか
つ観察結果を何かに置換しメタファーも織り交ぜた方が，よりメ
ディアに映し出されたクライエントの連想には侵襲的でなくなる
ことがおわかりになると思います。それは，メディアという，ある
意味では閉じた空間の中にダイレクトな形で過剰にセラピストの

連想が入っていくと，催眠誘導と同じように，セラピストの自然な没入－トランスが制限されてしまう可能性があるからです。置換しメタファーとして伝える行為は，トランスを大事に看る，すなわち間接的なアプローチとなります。

こうお話しすると，連想の基本でお話しした「テーマトーク」になってしまうのでは，と考えられるのは当然のことですが，このやりとりはテーマトークではありません。なぜなら，メディアに映し出された連想は，それ自体やり取りの中で，セラピストが観察し診て発した刺激を受けてどんどん変化するし，別の連想が映し出されてくることもあるからです。

先の例でいうと，連想が進むとクライエントから「女の子の他に男の子が見えてきました」とか「森のような風景が見えてきました」といった連想の変化，別の連想が浮かんでくることはよくあります。エリクソンの水晶球では，初めからメディアとなる水晶球はたくさん用意されていました。この連想の変化，転換が繰り返されるうちに，連想的会話と同じように，自動連想があらわれてきます。

時々，きっかけを作るために，メディアに最初にセラピストの連想を映しだしてみることもあります。この場合もプロセスは全く同じで，クライエントは最初のセラピストの連想をどんどん変化させ転換していき，自分の連想をメディアに映し，またそれにも変化，転換がおこり，自動連想があらわれていきます。

メディアと催眠

メディアを使った連想と連想的会話に共通しているのは，繰り返しお伝えしているように，自動連想はプロセスの中で「結論」としてあらわれてくるのではなく，プロセスの中で，時々あらわれてくるということです。そして，自動連想がいくつかあらわれ

た時点でプロセスを止めるということも同じです。

　一方,連想的会話との違いは,メディアを使った連想のほうがセラピストに観察の余裕が大きい分,この連想の変化,転換が把握しやすくなる,ということです。加えて自動連想は,連想的会話と同様に,没入が極まった状態であらわれることが多いので,その点でも先に述べたような,セラピストにとっての観察する余裕,観察のしやすさがあるこの方法は,そのようなトランスの状態を診るという点で利点があります。

　しかし,セラピストに観察の余裕があるということは,どうしてもそこにあるトランスを診るという行為が視るという行為にかわりやすい,つまり介入したくなるという現象がでてきます。介入することは特に悪いことではないのですが,前にもお話ししたようにトランスに介入するのは,催眠的手法です。

　また,メディアに連想をうつしだすという行為は,催眠誘導でいうところの凝視法(一点を凝視し続け催眠を誘導する)と似ています。催眠誘導の心得がある人は,知らず知らずのうちに催眠誘導に近いことをしているかもしれません。これはこれでエリクソニアン,もしくはエリクソンの「自然な催眠誘導」をしているということにもなるので,典型的な催眠誘導とは違って,いいことでもあります。

　トランス療法に催眠の要素が混じる,クライエントにも時にはセラピスト自身にもわからないような自然な催眠誘導をする,両者であらわれる没入－トランスの特徴は,没入が極まった状態がある程度の時間続く,ということです。言い換えるとトランスがあらわれていながら座っている状態,動かない状態がある程度の時間続くことになります(ちなみに典型的な催眠ではトランスを縛っている状態ですね)。イメージしにくい人は,保育園児の行動をイメージしてみてください(幼児は半分以上トランスにいま

す）。保育士さんや他の園児やおもちゃなどに興味を持って動いている状態がトランスが動いている状態，あるおもちゃやテレビなどにはまってしまって座り込んでいる状態がトランスが座っている状態です。

　没入が極まって，トランスが座っている状態は，無意識が自ら何かに惹きつけられてしばらく動かなくなっているわけですから，そこから出てくる自動連想は，ある程度まとまった形のものが多くなります。もちろん断片的なものもありますが，繰り返しが多くなるというのも一つの特徴です。健忘もよく起こります。

　このように，メディアを使った連想では，知らず知らずのうちに催眠の要素が入ってきます。ですから僕の場合は，このプロセスの終わりには，いろんな話をしながら解催眠的な要素，例えば急に話題を変えるか，「そういえばこれは白い紙でしたね」といったテレビを消すようなことを入れるようにしています。最初の連想的会話でも時々催眠の要素が入ってくることがありますが，僕の場合は連想的会話の途中で，すぐに混乱やこれからお話しする，「アネクドート」という形になるので，解催眠的なことは意識しません。理由は「混乱」の章で詳しくお話しする「解離」が介在してくるからです。

Ｖ　アネクドート

トランス療法でのアネクドート

　アネクドートは，「逸話」という意味で，エリクソンが治療の中で語った逸話に，暗示などのさまざまな要素が入っていると考えられ，エリクソニアンと呼ばれるエリクソンの弟子たちによって定義されてきた概念です。エリクソンの逸話はたくさん残ってい

て，1冊の本になっているくらいです。

　僕はこのエリクソンの逸話を眺めていて，エリクソニアンの言うこともわかるのですが，それはアネクドートを解釈し，結果的にそういう構造になっている，という気がしてなりませんでした。僕にとっては行為の結果よりも「それがどういうところから出てきているのか」というプロセスが気になるのです。

　ここまでお話しして，浮かんできたアネクドートをひとつ紹介します。

　「僕はゴルフが好きですが，プロゴルファーのゴルフスイングを真似しようとしてもなかなかできないんです。連続写真とか出ていてポイントとかをプロが説明しているのですが，それを真似るとダメですね。で，ネットとかをみると，まずプロはこどもの頃から練習しているわけで，体にスイングが染みついている，だから感じ方が違うし微調整もきく，無意識に振れる。結局彼らは違う人種なんだということを目にしました。また『タイムラグ』というのがあって，ゴルフスイングというのはとてもとても速い動作なので，意識したことを動作として実行しようとするともうすでに遅い，だからいろんな動作を先取りして早めに済ませなければいけない，ということも目にしました。なるほどと思ってそうしてみると結構うまくいきました。うまく打てるようになって，2発に1発はいい球が出ます。ただそれだとダメなんです。ゴルフは『打ち直し』がきかないスポーツですからね，2発に1発だと何にもかわらない。ですからやはり練習は必要で，まだまだ試行錯誤中です。いっこうにスコアは良くなりませんけどね」

　浮かんできたことをそのまま，嘘偽りもなく何の手直しもせずにお話してみました。皆さんはこの話をみてどう思われるでしょうか？

88　やさしいトランス療法

　エリクソンのアネクドートをみるように，この「結果」のなかに僕の意図を読みとるとしたら，いくつ出てくるでしょう。自分が話したということでいろんなバイアスはかかりますが，とりあえず読んだ結果です。

- エリクソンの真似をしようとしてもなかなかできない。
- エリクソンのアネクドートは体に染みついたもの。
- 無意識のうちにアネクドートはできる。
- アネクドートにはクライエントの意図を先取りするなど準備が必要？
- 話す前にもう結果がわかっている？
- 百発百中じゃないとダメ？
- 試行錯誤が大事？

　などなど，いろんなことが読み取れるかと思います。深読みすると「前半はメタファーで，後半は逆説」とか，「この話を聞いていると混乱してくる，だからアネクドートは混乱技法？」とか，いろいろでてくると思います。皆さんも，読みとる作業をやってみてください。結構面白いですよ。
　さてここで，僕のこのアネクドートができた状況をお話ししましょう。このパートを書く前に僕はゴルフ雑誌をちらちらと読み，お気に入りのゴルフのブロマガの動画を観ながら，クラブを持たずにゴルフスイングの練習をしていました。それで「あ，原稿書かなきゃ」「えっと，アネクドートはどうだったっけ」と，とりあえず書きだしたんですが，あれこれと迷っていて，「論より証拠」，と考えアネクドートを浮かばせてみた，というのが真実です。要するに，「頭で考えるのが手詰まりになったから無意識に聞いてみた」ということです。「これを伝えよう」という意図は全くありま

せんでした。ゴルフの話が出てくるなんて，明らかに原稿を書く前の状況を引きずっていますよね。

　ですから，先ほど読んだ意図は全くこめていませんでした。ただ，サイコセラピーの技法とゴルフスイングに関するこの考え方は，何となく共通点があると思っていて，研修会などでもストラテジックな技法とくっつけて話したことがあります。ただアネクドートと結びつくとは考えてもみませんでした。で，後で意図として読んだものは，僕のアネクドートに関する考えと比較すると，何となく当たっている部分もあれば，明らかに外れている部分もあります。アネクドートの「メタファー的説明文書」としては，これはもう失格ですね。

　トランスに関していうと，ゴルフスイングの動作をしていたのでその時からもう軽いトランスはあったと思います。でトランスに任せていたのかというと，そんなことはありません。先ほども説明したように，「苦し紛れ」ですから，その前に，あーだ，こーだといういろんな意識的な思索をしていたのは事実で，それに没頭しながらも頭の中の記憶という情報を一生懸命探っていました。その作業をいったん中断して，でてきたのがこのアネクドートです。

　でも自分がアネクドートを説明するのに困っているクライエントになってみて，このアネクドートをあらためて眺めてみると，意図を読むのとは違う，「あ，そうだ」というヒント（連想）を得て，まとめることができました。それを今から説明していきますね。

アネクドートはクライアント一人一人のためにある

　先ほど，僕が僕のためにつくったアネクドートを，何の意図も推測することなく感じたのは真っ先にこのことでした。

　僕はアネクドートは得意です。面接では自然にアネクドートを

話しています。それで，そのほぼ全てを健忘しています。それでいて，全く同じ話をしたためしがありません。治療成績はいいと思います。自分で言うのも何ですが，僕はアネクドートのプロなのです。そのプロが自分でやっていることを解析して，なんだかんだ言ったところで，「連続写真を解説しているプロ」そのものになってしまいます。

　皆さんがアネクドートを「話せる」ようにするためには，僕のアネクドートを解析することではなく，僕がやっている感覚そのものを話せばいいと思いました。上記のアネクドートは，僕の状況と，得意なところ，不得意なところをわかっている僕だからこそつくることができて，僕に発信することができたわけです。皆さんには，この僕の連想はほぼわからなかったでしょう。無理もありません。僕のための話ですから。

　上記のアネクドートだけを取り出して眺めても，ただのゴルフ好きのおっさんのたわごとです。これが「活きる」ためには，クライエントが必要で，クライエントがその話を聞いて自由に発想できることが，大事なことです。アネクドートは結果的にクライエントのヒントになればいいので，最初から「含意のある話」である必要はありません。

アネクドートは観察と連想の結果生まれる

　お話ししたように，僕はアネクドートが得意というか，相当頻繁に使います。それは僕の特技によるところが多いように感じます。僕は患者さんと面接していて，あまり時間をかけずに，患者さんの状況はもちろん，得意なところ，不得意なところを，短時間で把握することができます。それを患者さんに訊いて，確認したら，すぐに何らかのアネクドートが浮かんでくるという感じです。

その「短時間」でやっていることは，観察と連想です。そこで把握するわけですが，小さい頃からの鍛錬というか何のせいかわかりませんが，僕の場合はその作業がメチャメチャ早く，それを把握したら，すぐにアネクドートその他の作業に移ります。ただその作業が早いので，研修会などでのデモンストレーションでは見ている人にそれが視えないだけです。こればっかりは仕方がない，幼少時からの「鍛錬」の結果ですから。

ただそういう鍛錬をしていない人にも，僕と同じように観察と連想を，事前に「時間をかけて」やっていくと，クライエントが置かれている状況，得意なこと，不得意なことはそれぞれ一つずつはわかります，というより感じ取れます。先のアネクドートの前提は，僕が文章をまとめるのに悩んでいるという状況，アネクドートや催眠が得意で，ゴルフは不得意，ということです。それさえわかれば，極端な話，先ほどのアネクドートくらいのものは，すぐに浮かんできます。

もうひとつ言うと，セラピストが自分自身のトランスを診て，クライエントの話に没入し，没入が極まっている，トランスが座っている状態になっているのが必要でしょう。アネクドートは自動連想をたくさん含んでいますから。

ノンフィクション，好きな話を話す

先のアネクドートは，ノンフィクションです。エリクソンのアネクドートもまたノンフィクションでした。アネクドートがいわゆる例え話なら，フィクションでもいいでしょう。僕が（エリクソンはわかりませんが），ノンフィクションにこだわる理由は，それが例え話ではない，含意を込めた話ではないということです。

含意を込めた話ではないため，これはノンフィクションでないと，クライエントのためにはならないともいえます。体験談です

から，クライエントがお話をどうとらえようが，お話のどの部分を切りとっていこうが別に構わないのです。例え話ならそうはいかず，ある程度本意をわかってもらう必要があります。あくまで「参考になれば」という姿勢であるわけです。このあたりが第5章でお話しする「アナロジー」との違いになります。

僕が僕のためにつくったアネクドートの最後の部分から感じたことは，僕は「2回に1回」のゴルフを楽しんでおり，それでも全く支障がないということでした。ゴルフ仲間からは，「もったいない」とはよく言われますが，楽しみ方は人それぞれなので，それでもいいかなと。含意を含んでいる話なら，そんなことはないでしょうね。同様の話をゴルフをしているクライエントに話したら，大半の方が楽になるでしょうね。スコアを目指すゴルフから自由になりたいと思っているのは，全世界のゴルファーの大半の願いでしょうから。

ですから，セラピストはアネクドートを話す機会に恵まれたなら，できるだけ好きな話をしたほうが得策だと思います。連想の中で浮かんだ好きな話はセラピストの無意識の要素を多分に含んでいると思います。なぜなら，自動連想であるからです。そうすると「話が弾む」状況がでてくるかもしれません。

話が弾む，要するに気持ちを開いて互いに好きな話をしている状況下で，フィクションを話すわけはありません。どんどん自分の「話」が浮かんできます。エリクソンは特に話が弾まなくてもいろんな話が浮かんできていたでしょうが，なかなか話が浮かんでこない人には，話が弾むことが，アネクドートが浮かんでくるために重要かもしれませんね。

アネクドート，それはノンフィクションです。

ノンフィクションであれば自由なお話ができるでしょう。フィクションは無意識にとっては実は窮屈な話になってしまうことを

第3章 連 想 93

知っておく必要があると思います。

連想と没入の肝

　連想のことを，ずいぶんとお話ししました。連想的会話では，自由連想が自然にあらわれる感覚を，メディアを使った連想では，クライエントの没入の重要さと催眠との接点，アネクドートでは，連想の自由自在さをお話ししました。大切なことは，連想の全ては，クライエントとセラピストの二者関係に還元していくということです。二者関係の中だけでわかること，それが没入の極まった形です。

第4章

混　　乱

I　混乱と解離

混乱する意識

　意識が混乱すると解離が表面化してきます。解離は前にも説明したように，非常に有用なトランスで，意識の枠を超えてさまざまな発想や行動をもたらしてくれます。この章は，解離を活用するために，意識に混乱を生じるための方法論をお話ししていく章です。それはOASISのS，かきまぜる（Shake）と，秘密をつくる（Have a Secret）という方法論になります。

　最初にお話ししておかねばならないのは，観察と連想という2つの過程をしっかりとこなされた方にとっては，もう混乱のプロセスはすでにある程度できていることになるということです。なぜなら，クライエントの無意識を診ながら連想をすることは，少なからずクライエントの無意識の影響を受けた連想をしているわけで，クライエントの意識とはズレた話になっていることは往々にあります。要するにすでに僕がお話した観察と連想を実直にやろうとすればするほど，かきまぜる（Shake）という行為になっていき，自然に意識の混乱は多少おこっていることになります。

　なぜならば，日常において意識と無意識は別々の方向を向いて，

別々に動いていますので，我々が自分自身の動作や発言を完全には把握しきれていないからです。無意識を診るということ自体，こういったクライエントが「把握しきれていない部分」を診ていくことになりますから，そこに言及したり連想したりすることは，クライエントになにがしかの「？」という反応が生じるということです。

この「？」という反応が混乱への入り口です。ここに，観察の章でお話ししたような仮説をあてていけば，さらに混乱ははっきりと視えてくることになります。意識では把握しきれないところが活性化し，「？」の度合いが増して，クライエントの意識は状況にどう対応していいかわからなくなってくるわけです。

混乱するのはクライエントの意識です。よほどのことがない限り，クライエントの無意識は混乱しません。

付け加えると，クライエントの意識が強ければ強いほど，上記のような混乱はますます強くなります。つまり，クライエントの意識が強ければ，無意識とのズレはより大きいものになるということです。これは，クライエントの態度や気持ちとしては，「イライラ」「モヤモヤ」といった不快なものとしてあらわされるかもしれません。エリクソンの臨床記録では「怒って帰った」ということもよくでてきますが，これも混乱に続いて起こってくる感情でしょう。このような，一見失敗にみえるようなことでも，実は治療的になることが多いものです。

こういったことが日常生活の中でおこると，意識はもう機能しなくなっていますから，クライエントは無意識の力でどこかに「おさまり」をつけようとします。そしてそのおさまった先は，今までと違った視点なり考え方ということになります。我が国の心理臨床でよく言う「腑に落ちた」という現象はこれですね。

連想などを意識しなくても，日常臨床においては，セラピスト

はクライエントの混乱した状態というものに，ずいぶんと助けられているものです。セラピストがそれまでの文脈とは外れた言葉を発して，クライエントが唖然とする。その時にセラピストが何かしらの,「お話」をするとクライエントはおおかたそれを「受け入れ」，あたかも「クライエントがセラピストの言うことをきいている」，と考えてしまいます。ついついそのように考え，その「技」にはまってしまうこともあります。それが「エリクソン的」なものとして考えてしまうこともあるかもしれません。

　それで完結してしまっても良いとは思うのですが，このような時，クライエントの話をきいたりその後の行動を診ていたりすると，セラピストの意図とは全く違うことを考えていることのほうが多いものです。

解　　離

　そのようなわけで，もう少し，解離と無意識の性質を考えてみましょう。

　混乱の際に，解離というトランスが出現するのは，前に説明しました。解離の状態はどんなことでも受け入れているように見えて，無意識のレベルでは「何も受け入れていない」，ということが特徴です。解離性障害の患者さんを見てもわかるように，彼らは字面どおりの指示には従いますが,「症状」に関しては頑として譲りません。

　催眠を実践されている方はよくお解りだと思いますが，催眠トランスの中での解離は,感覚脱失や健忘を例に出すまでもなく,教示や暗示を駆使してやっと顔を出すような現象です。一方で自然なトランスでの解離は，例えば足の裏の感覚を忘れている，意識せず「でもね」という言葉を多用する，というようなことでわかるように，人間の中で常に根底に存在しているもので，体や意識

のあちこちに存在しています。そして解離はそれを意識することによって消失します。足の裏の感覚や無意識に使っていた言葉などを意識すると，それらは「意識下」の存在になり，無意識ではなくなるということです。

　ところが，今まで解離し無意識にあったところが意識にのぼって解離がなくなると，別のところに解離が出現します。つまり，足の裏の感覚を意識すると，今まで意識していた別の身体部分に解離が出現し，無意識的に使っていた言葉を気にしだすと，意識で考えていたことに解離が出現することになります。これは，肩こりを意識していた人が足の裏を意識することで，肩の感覚が解離してそれを意識できなくなったり，無意識に「でもね」という言葉を多用していた人が，それを指摘され，その意味を考え出すと，今まで考え，話していたことが分からなくなったりする，ということです。

　この現象をみると，解離は「出現」するものではなく，単に「移動」しているだけのようにもみえます。意識との追いかけっこのようなものです。これが先に説明した解離が「頑固」な所以です。そして，意識が混乱し機能が低下すると，解離が全体に「広がって」いくのです。

　解離というトランスは，没入よりも「生（なま）」な無意識の表現型です。それは解離現象として，健忘や感覚脱失といった非常にわかりやすい現象が出現することでもわかります。自然なトランスとしての解離でも，今話していたことを忘れてしまうことや，痛みが一時的に消失することはよく診られる現象です。無意識では，話された言葉は意味を持たず，字面通りのものとして受けとられ，それから自分に都合のよい連想がうまれます。ですから，解離が広がり意識があまりはたらかなくなった状態で，話されたことを健忘し，連想という形でクライエント独自の意味づけがなされる

のは，自然なトランスでは当たり前のこととしてとらえられます。また，身体感覚にしても，解離が移動すれば，ある感覚は自然に無意識におちて，その「意味」を失います。ちなみに催眠トランスでは，セラピストの意識によりいろんな制約が加えられますから健忘や感覚脱失は「当たり前」ではありません。つまり，自然な解離が動き出したら，クライエントの「無意識にまかせる」ことはごく自然で，クライエントが自ら動くこと，話すことに追従していくことが，トランス療法でのセラピストの仕事になるわけです。

　あくまでもクライエントがすでに持っている解離を診て，それを後押ししながら，解離が移動し広がっていくことを邪魔している意識を視て，それに混乱をおこし，解離に現れている無意識にまかせていく，というのが，トランス療法での基本的な解離をあつかう考え方になります。

　このことさえ認識していれば，自然な解離を活用していくことはそんなに難しいことではありません。ただし，解離を扱いながらも，「意識を混乱させる－自然に意識が混乱するように仕向ける」ことには多少の工夫が必要です。

II　混乱をおこす

意識を「かきまぜる」

　トランス療法では，解離を扱いつつも，意識の部分の混乱を誘発しますが，それはより解離が活動しやすい場を広げていく，という考え方に基づいたものです。意識が混乱すると，多重人格のような病的な状況が現れるのではないかと不安になるかもしれませんが，決してそういうことはありませんし，僕自身そういった

経験はありません。自然な解離は決して危険なものではないのです。ですから，こういうクライエントが来談しても，トランス療法では，意識を無意味にしていく作業自体は変わりません。それは，解離性障害のような病的な症状は，解離というトランスと意識の作用が協力してあらわれている，と考えているからです。つまり，病的な症状は意識の作用が多分に無意識的なところに働いてつくりだされているということです。エリクソンの治療姿勢と手法は，常に，意識に対してはそれを「働かないようにする」方向を向いていたようにみえます。「エリクソンは意識と戦っていた気がする」という故 森俊夫先生の言葉が思い出されます。

　この作業を行うにあたって，クライエントの意識をかきまぜる（shake）ことは必要なことです。これは，今までお話ししてきたように，セラピストが自分の自由な連想を話すことや，「観察」の章で詳しく述べたように，クライエントの意識を視て，いろんな仮説を話していくことでも成り立っていくことで，これが意識をかきまぜていくことの基本にもなります。僕の場合は，自然にこのようなことをやっていると，クライエントは「先生の言われていることの意図がよくわかりません」「何かぼーっとしてきました」「言葉が滑っていくのだけれど，それだけで何も考えられなくなります」といった反応を示されます。

秘　　密

　ただこのことを他の人がいきなりやろうとすると，うまくできないようです。これは解離をうまくとらえられないことや，意識をあえて視ることに慣れていないことからくることがまず考えられますが，僕のやっていることには，プラスαの要素があると思います。またこれを，エリクソンのように自由自在に混乱をおこしながらやろうとするとなかなかにたいへんです。エリクソンの

第4章 混　乱　　**101**

表面的なところだけを真似して，意識的に混乱をおこそうとする
と，セラピストの誘導的作為が見え隠れしてしまい，「あざとく」
なってしまうようなことが，往々におこってしまいます。このあ
たりがかきまぜる行為の限界で，やはりプラスαの要素があると
思われます。

　プラスαの要素，それをトランス療法では「秘密（secret）」と
考えています。

　秘密というと何か不穏なことをしなければならないかというと，
そういうわけではありません。ざっくりとした基本は「観察」の章
でお話ししたように，クライエントの意識を視ていくと同時に，ク
ライエントのトランスや無意識的なところに同調し，それを診て
いることを秘密にしておく，ということになります。が，それを
こころがけるだけでうまくいくこともありますが，少し工夫が必
要になるときもあります。その工夫について，エリクソンの手法
を参考に，僕なりに実践している具体的な方法論について今から
お話ししていきましょう。

　話をしていて，「肝心なところがわからない」という状態にクラ
イエントが陥るということが，混乱を生じやすくするひとつの方
法論です。肝心なところとは，人やモノとその名前，理論，結果，
指示など，話題の中で重要と考えられる事柄，クライエントの行
為や行動的特徴などから得られた，クライエントの無意識的なと
ころを反映したもののことです。当然それをセラピストが診てと
ったということが前提になります。

　この方法論を単純に説明すると，肝心なことを伏せて話しなが
らそれをほのめかすことによって，クライエントの思考や自律性
の中に，なにかしら欠落した部分を生じさせるということです。当
然，クライエントの意識はそれを埋めようとします。ところがそ
れは無意識的なものなので，なかなかそれが埋められず，「ああで

もない，こうでもない」という欠落した部分をめぐっての思考が始まり，答えが出ないと「どうしていいかわからない」という混乱が生じます。

例をあげましょう。たとえば僕の場合，「そう，あなたの問題を象徴する言葉が，あなたのお話の中にすでに出てきていると思いますが，それが何だったのかを僕も思い出すことができませんし，おそらくあなたもそうだと思います」といった問いかけをすることがありますが，このあと話が別の話題になったとしても，クライエントはこの「答え」を追い続け，その話題に集中することができなくなります。これだけでも混乱のきっかけが始まっていますが，そのあとの話題自体が「かきまぜる」ような，まとまりのない展開であれば，なおさら混乱はすすんでいきます。

ついでにお話ししておくと，クライエントはこの例にあるような，問題を象徴する言葉や解決に結びつく言葉は，自分が発していながらも健忘してそれを思い出せないものです。それは無意識的なものの表れなので，とっておいて（秘密にして），ひととおり解離を経験してもらったあとに考えてもらうとより有効です。クイズのような会話になりますが，クライエントは意識でその言葉を思い出そうとしても，思考はその言葉の周りをぐるぐる回ってしまうので，いっこうにでてこないことも多く，結局はセラピストのほうからそれを「教える」ことになります。わかったところで，多くの場合，解離の影響が残っているため再びそれを健忘してしまいますが，その後に「行動」としてそれが表れてきます。例えばそれが「思い切り」という言葉だとしたら，その後のクライエントの行動の中に思い切ったものが表れてきます。

秘密をさらに

クライエントからでてきた肝心なところをセラピストがあえて

秘密にした場合，それが言葉である場合に限らず，このように最終的にはクライエントに何らかの形で返すというのは重要なことです。それがユーティライゼーションということで，治療的なことに結びつくというのは言うまでもないことでしょう。

　もうひとつ，肝心なところを伏せなくても，「あたかも何かを伏せているような語法」を用いることによって同じような混乱は生みだすことができます。簡単なものだと，①「私にはわかりませんが」「よくは思い出せないのですが」といった前提，②「あれ」「これ」「それ」「何か」といった指示語，③「～かもしれません」「～といえなくもない」といった許容語を多用する方法があります。これはエリクソニアン催眠を学んだ人にはおなじみかもしれません。ただ，これらを催眠誘導の一部として用いるエリクソニアン催眠とは違って，トランス療法では，これらの語法を「欠落を生みだす言葉」として，意識の混乱を導き出すキーとして考えています。これらの語法のうち，①はその話の出自や文脈を，②は重要な事物を，③はその話の結論的な部分を隠し，欠落を生みだします。そこをクライエントの意識が追い，それらが重なり，追えなくなった時に混乱が生じます。

　例えば僕の場合だと，「よくは思い出せませんが，あなたの話を聞いていると，あの本，そう，それを思い出してしまうのですよね……，何か動物の習性について書いてあった本だったかもしれませんし，人間の社会性についても触れていたような，内容についてははっきりと思い出せないのですけどね」といったような形をとる話をよくします。まるで意味のない――意図が欠落したような話ですが，クライエントはこれをしっかり聞いて，しっかりと混乱するようです。

　この例で何を秘密にしているかというと，意識的には何にも秘密にしていません。クライエントの意識からすると秘密にしてい

るように意識されるだけです。この例はわざと何かを秘密にしているのではなく，セラピストである僕の中で，あえて断片的で半分忘却しているような，はっきりしない話題を持ちだしているだけです。なぜならばそちらのほうが，はっきりとした話題よりも無意識を反映している可能性が高いと考えているだけです。はっきりしない話題だと，自然に指示語や許容語が増えてきます。話の全体の形としては短いアネクドートのような形になります。

　以前はよく指示語や許容語を多用する語法を，empty words（空虚な言葉）などと言って面白がって，時には意識的に使っていましたが，実は空虚ではなく無意識のバックアップがあることに気がついてからは，このような表現はやめましたし，無意識からでてくるという話題の選び方のほうに気を遣うようになりました。理論や用語がいかにむなしいかを思い知らされたケースです。ですから，この語法を使うとすれば，話題の選び方に注意したほうがいいと思います。繰り返しますが，はっきりとした感覚よりもぼーっとした感覚を，明確な記憶よりも断片的な記憶を頼るということです。そして，このような話題の選び方をしていくと，自然に話はまとまらなくなり，かきまぜる行為も同時にできてしまいますので，自然に混乱は生じてきます。

　このようにして生まれた秘密は，セラピストがあえて秘密にしているのとは違って，クライエントにもセラピストにもわからないものであるということは自明でしょう。双方にわからない「本物の」秘密，つまり謎になります。解離の経験を経た後に，謎はクライエントにとって何らかのヒントとなります。上記の例でいうと，例えば何かの動物の習性を思い出したり，人間と動物の違いについて考えるようになったり，無意識的に何らかの動物的な仕草が増えたりするようになれば，それがヒントとなるでしょう。ヒントはクライエントにとってさまざまです。これをどう「解明」

していくかは，全くのクライエントの意識的，無意識的な仕事になり，セラピストにも想像がつかない，洞察（意識的）や行動の変化（無意識的）等となって,「瓢箪から駒」が生じる可能性につながります。

混乱の果てに

さてここまで，かきまぜることと秘密をつくることについてお話してきましたが，何か漠然としたものに感じられた方も多いのではと考えています。単なる「言葉遊び」「禅問答」にみえた方もいらっしゃるでしょう。僕にとっては日常的な行為を自分で解析しながらお話ししているので，わかりにくいことも多々あったかと思います。したがって以下に要点をまとめてみます。

①意識の混乱は無意識の表現である解離を表面化させる。

②クライエントの意識を混乱させる行為として，かきまぜる（Shake）ことと，隠しごとをする（Have a Secret）ことがある。

③かきまぜる行為は，観察と連想を実直に行い，クライエントの意識を視ることができていれば，自然にできてきて混乱が生じ，クライエントが解離を表面化する入口である「？」という反応を得ることができる。

④秘密をつくる行為には，セラピストが意図して「肝心なところ」を秘密にする手法と，指示語や許容語（欠落を生みだす言葉）を多用する「お話」で，秘密を生じさせる手法がある。いずれもクライエントの意識に欠落部分を生じさせ，クライエントがそれを埋めようとする行為の中で混乱が生じる。

⑤前者は，ユーティライゼーション的手法で，クライエントの無意識的な言葉や行為を秘密にし,混乱－解離が生じた後,そ

れをあらためてクライエントに返す手順をとる。

⑥後者は，セラピストのはっきりしない，断片的な感覚や記憶
－無意識に近い素材をもとにしたアネクドートに近い手法で，
自然に指示語や許容語が多くなる。また，同様の素材を用い
ることで，かき混ぜる行為にもつながる。

⑦ ⑥で生まれる秘密はクライエント，セラピストのどちらにも
わからない謎であって，そこから得た，意識的－無意識的ヒ
ントから，クライエントの仕事につながる。

　以上，トランス療法での，混乱を生じ，解離を活用していく手
法を解説してみました。別にこの方法論でなくとも，かきまぜる
－秘密をつくる手法はいくらでもあるでしょう。またあえて，か
きまぜる－秘密をつくることを考えなくても，混乱を生じる手法
はたくさんあると思います。僕自身がそうしてきたように，これ
を参考に，皆さんが自分の「混乱技法」を生みだすことも可能だ
と思います。それは，「意識が機能しなくなる」という現象に広い
可能性が含まれているということでもあります。

　また，一般的な心理面接を想定した場合，混乱が絶対的に必要
な場面は，前にもお話ししたように，意識の存在が強すぎて邪魔
になるような局面ですから，そのような局面を多くおこすクライ
エント（「抵抗」が強いともいいますね）にあえてトランスを活用
しようとしない限りは，このような手法を身につける必要もあり
ません。

　何回もお話ししますが，僕はこの「意識が機能しなくなる」状
況が好きだし，やりやすいと思っているので，自然にこういった
混乱－解離を活用する方法を多く用います。時にはトランス療法
的ではない「暗示」等も含めた手法（個人的には，ストラテジッ
ク・トランスセラピーと呼んでいます）も多く使っていますが，こ

れはまた別の機会にお話しすることにしましょう。

　混乱－解離を活用する方法をうまくやっていくには，セラピストの好き嫌いがはっきりと影響するようです。「好きこそものの上手なれ」とはよく言ったものですね。

第5章

間接的であること

Ⅰ　間接的なカタチ

セラピストの意図と間接的であること

　最初にお話ししたように，OASIS の Ⅰ，間接的であること（Indirectly）は，トランス療法のカタチです。カタチである以上，コンセプトであるかというと，そういうわけではありません。まずお話ししておかねばならないのは，観察，連想，混乱といったことを実践していくと，自然にセラピー全体のトーンは，「間接的なカタチ」をとることになるということです。だからといって，トランス療法をすすめていくのに，それだけでよしとしているわけではありません。これらの方法論は，こと「セラピストの意図」ということに関しては曖昧になっていますし，逆にこれをあまり重要視せず，ある意味クライエントを中心にした考え方で構築されているといえるからです。当然のことですが，サイコセラピーを組み立てていく上で，それが人間と人間との間でのコミュニケーションという形をとる以上，セラピストの意図やメッセージをクライエントにいかにして伝達するかは，避けては通れない問題です。ですからその部分に関する方法論は，もうひとつの間接的なカタチになります。この章ではその部分についてお話していく

ことになります。

　ただ，間接的な話法を直截的に実践しようとすると，そのセラピー自体，自然なトランスをあつかうトランス療法としては，ほぼアウトなものになりかねないということをお話しておかねばなりません。

　間接的なお話，間接的なアプローチを求められたら，おそらくかなりの人が，「婉曲的」だとか，「遠回しに」とか，少し洒落た言い方で「メタファーを使って」ということになってしまうと思います。こういった方法論は，セラピストが何らかの誘導的作為を「お話」の中に込めて，クライエントに「伝えようとする」行為です。そのようなことは刺激にこそなれ，トランス療法のカタチにはなりえません。というのは，そのような手法は，実はクライエントの無意識にとって，あからさまにセラピストの誘導的作為が見え隠れする営みに移ってしまう危険性が大きいからです。それが「病気がよくなる」といった直接的に治療的なものである場合，なおさらトランス療法からは離れてしまいます。この場合，想定される帰結はまさに「答え＝セラピストの期待と要求にこたえること」で，唯一の選択（Single choice）となり，行為全体はメジャー OASIS となってしまうことを思い出してください。トランス療法の OASIS では，帰結はあくまで何か（Something else）です。

　加えていうなら，このような行為はほぼ意識の働きによっていますから，セラピストの誘導的作為がわかってしまった時点で，それはもう間接的ではなくなってしまいます。そればかりではなくこのような状態では，クライエントは必要以上にセラピストの期待と要求を読みとろうとして，意識の部分が強くなってしまいます。それはそうでしょう。婉曲やこのような形のメタファーでは，セラピストのほうからクライエントに「自分の期待を読み取るように」誘導しているわけですから。そしてこのような状態でセラ

第5章　間接的であること　111

ピストは，クライアントの無意識的な部分とアクセスできなくなります。前章でお話した「秘密をつくる」行為とは，似て非なることで，目的も結果も違ってきます。

必然的に間接的になる

最初にお話ししたように，観察，連想，混乱といった手法は，どれもみな，結果的に間接的にならざるを得ません。

詳しくお話しします。

観察という作業は，どれもみな無意識を活用するために話の文脈を無視していくことになりますし，連想という作業もまた，自動連想を念頭に置けば，もともとの話の文脈からはそれていく連想になりがちです。混乱にいたっては，意識を無力化する行為ですから，必然的に意識的な文脈とはかけ離れたものになっていきます。つまり，今までお話ししてきた手法はすべて，結果的には間接的になってしまうものばかりだということです。要するに，トランス療法のカタチが間接的なものになるということは，必然的でごく自然なことなのです

ではなぜ，これらの手法が必然的に間接的になってしまうのでしょうか。

それは，これらの手法が全て，無意識を大切にする－無意識を看ていくという要素をしっかりと含んでいるからです。無意識は，間接的な形でしか姿をあらわすことはありません。言葉の断片，多義的で象徴的な言葉，雰囲気，何気ない動作，そして何らかの欠落等がその形です。そういったものと連動していると，没入や解離といったトランスとつながります。もっと言うと，トランスそのものが無意識の間接的な表現型であり，トランスは無意識の自然なメタファーに他ならないのです。先にお話しした，人工的なメタファーが自然なメタファーであるトランスに太刀打ちできな

いという理由は，もうおわかりでしょうか。

間接的であることと無意識への実験精神

間接的であるということが，結果的に無意識－トランスに触れていくことになるということは，この本の最初の章でお話しました。トランス療法での間接的なカタチとは，意識的な文脈から「はずれているもの」を中心にあつかっていくということです。また，たとえ意識的な文脈にあるものをあつかうにしても，それに潜んでいる無意識的なものをとりだしてあつかっていきます。これは，セラピストが意図的にやっていく営みではありますが，最初にお話ししたような「誘導的作為」ではなく，意識的な問題文脈以上に，それから外れたことにセラピストが興味をもち，それを「あつかってみる」という「実験精神」に基づいています。そして，そういった営みを実践してみると，誘導的作為をもって問題をあつかうことが，意識的な解決を求めていくことになってしまうのに対し，クライエントの無意識にはたらきかけているせいか，ものごとがうまくすすむことが圧倒的に多いということが体験されます。もちろんこういった営みは，観察をベースにしていますし，連想や混乱といったことに，符合していくことになります。

このような考え方で，改めて無意識を看ていくということを考えれば，クライエントとセラピストのあいだでは，クライエントから得られた無意識の情報か，クライエントの連想か，セラピストがクライエントの情報に触れて引きだされた連想か，クライエントに生じた混乱などを使って会話をすすめていくのが，効率的で理にかなった方法です。その中から，意識的な文脈から外れたことをとりだして，看ていくわけです。

II　無意識のとりあつかい

ユーティライゼーション

　このような考え方でいくと,「ユーティライゼーション」という感覚が,無意識を看て,間接的にものごとをあつかっていく上での基礎となります。ユーティライゼーションという用語については,エリクソン関係の書物では必ずといっていいほど登場してきますから,エリクソン好きの人には説明する必要もないでしょう。聞いたことのない人のために簡単に説明すると,クライエントの言動,立ち居振る舞い,背景事象,症状等について,また面接をしている環境にある事物,人,物音等も含めて,あらゆることを治療に「利用」していくということです。エリクソンの事例だと,「自分はイエス・キリストだ」という妄想を持った患者に,「イエス・キリストの職業」は何であるかを投げかけ,大工仕事をさせて治療した例などが,「症状利用」として有名ですが,その他にも,患者が主張していることをそのまま逆説的に返したり,患者がすでにやっていることを誇張してやらせたり,騒音を利用してトランス状態に導いたり,自由自在にあらゆるものごとを利用して治療をしていたようです。記録的にはそういった比較的派手なものが多く残っているようです。

　僕の場合は,例えばクライエントの服装が目についたら,「あなたの着ているそのジャケットをお脱ぎになったら,どんなことがおこるでしょう」といった問いかけはよくしますし,続けて,「あなたのその白いシャツ,奥さんがかけたのか,ご自分でなさったのか,クリーニングでそうなったのか,アイロンのよくかかったシャツでもありますし,どうやって選ばれたのかはよくわかりま

せんが，あなたのそのきれいな水色のネクタイも，どういう感じになるのか，なかなかおもしろいことでもあります」といった形式の話も多用します。これは後で説明するアナロジーとなっていますが，僕はアナロジーに限らず，クライエントについて，目についたことや気がついたことは，とりあえずすぐ口にします。そしてクライエントとの会話のほとんどが，クライエントの身の回りのごく個人的なことか，僕の体験談か，そういったことになっていきます。つまり，感覚としては，クライエント自身や身の回りのことを「使って何かをさせる」というより，「使って話をする」というこころがけ（というより癖に近いですね）のほうが強いと思います（何かをさせることも結構ありますが）。

無意識は体の内にある

なぜそういった心がけや癖が身についてしまったかというと，「無意識は体からでてこない」という認識が，催眠をやりはじめたころから僕のなかにあるからです。前にもお話しましたが，無意識は目にみえない構造で，トランスにしろ，自動書記／連想にしろ，身振り手振りにしろ，姿勢や服装にしたって全てが無意識のメタファーだと僕は考えています。「催眠では無意識に直接アプローチできる」という考え方自体，僕には相当の抵抗があり，いくら催眠トランスを極めても，自然なトランスにとけこんでも，無意識が姿をあらわすことは「あるはずがない」と考えていました（哲学とかに詳しい人には僕が相当な構造主義オタクであることがわかるでしょう）。研修会等ではこういうことは言わず，あえて無意識という表現はせずに，「ゴースト」とか言っていましたが，これだと「幽体離脱」みたいなことも連想することがあるので，今は無意識というストレートな表現に戻しています。逆に意識のほうはことば（最近は映像とかも？）によってどんどん外に

出ていくことはできます。無意識は不自由で，意識は自由，そういうイメージになります。ちなみに，時に無意識と意識がコネクトすることはありますが，そういう時は症状や言霊のような現象になって，とても力のある状態になるとも考えています。そういうことを利用した方法論もありますが，これは前の章でお話した「ストラテジック・トランスセラピー」というほうに入りますので，また次の機会にお話しできたらと思います。

　というわけで，トランス療法でのユーティライゼーションは，クライエントの言動，立ち居振る舞い，背景事象の中から，無意識にかかわるところを診て，抜きだし，利用していくことが中心的な作業になります。その上で，クライエントの無意識が，体や頭の中で自由に活躍できるように，抜きだしたものを使っていくのです。

無意識はすでに間接的

　すでにお話ししたように，クライエントの無意識にかかわる部分は，無意識のメタファーで，すでに間接的な表現になっています。直接的に言及するのも，「観察」の章でお話ししたことを頭においておけば，トランスに縛りをかけ無意識を窮屈にすることはないと思いますが，やはり何かの言葉で置換したり，後述するアナロジーを用いたりして，間接的に触れていくのがシンプルな方法論になると思います。

　具体的には，例をあげてお話ししたように，無意識的な表現でもある服装に関して，単に「ジャケットを着ていますね」とお話しするよりも，「あなたの着ているそのジャケットをお脱ぎになったら，どんなことがおこるでしょう」というように，「ジャケット」という対象に，「脱ぐ」といった動きを与え，質問の形にすることは多用します。これは対象そのものよりも，後づけした

「動き」に焦点をあて，その後の連想をうながすといった作業です。このとき，当然対象は後づけしたものの「背後に」隠れることになります。他の例をあげると，「貧乏ゆすりが止まったらどんなことが頭にうかびますか」という具合に，動きに変化を与える作業，「時々遠くを見ておられるようにも見えますが，『遠くを見る』ということからどんなことが想像できますか」というように，対象を一般化するような作業も同様のことです。対象そのものに手を加えることで，クライエントは対象そのものを過剰に「意識」することなく，連想，時には混乱を進めていくことができます。無意識的な表現である対象を背景に落としてしまう，つまり間接的にあつかう作業で，できるだけ無意識的なところを無意識的なままあつかうようにしていくわけです。

セラピストの意図と「暗示」

このような作業は，無意識的なところを大事に看ている一方で，それに何らかのセラピストの意図を付加していることにもなります。上の例で言うと「脱ぐ」「止まる」といった動きであったり，一般化するときの圧縮の仕方であったりがそれにあたります。後でお話しするアナロジーでもそうですが，こういった作業ではセラピストの意図は確実に入ります。臨床場面ではほとんどの場合，クライエントはそれに気がつかないか，ぼんやりと意識する程度ですが，無意識には伝わっている可能性があります。少なくとも無意識を刺激する行為にはなるでしょう。最初にお話したような，クライエントの意識にセラピストの意図が強烈に伝わってしまう誘導的作為は別にするとして，このような意図をどのようにあつかっていくかは，考えておかねばならない問題です。

ここのところを，催眠を学んでこられた皆さんは，「暗示」と解釈される方も多いかと思います。暗示とは，セラピストの意図を

第5章　間接的であること　117

含んだ言葉や行為が，クライエントの無意識に作用してその意図
をくんだ行動となって反映されるものです。時にはセラピストの
意図とは違った行動も出現することがあるのですが，その言葉や
行為がクライエントの行動に影響を与えているという点で，これ
も広い意味での暗示といえるでしょう。暗示で肝心なことは，そ
の言葉や行為と意図するところが，クライエントにとって，「セラ
ピストから与えられた」とは意識できない点です。セラピストか
ら与えられたとクライエントが感じていたら，それは「教示」に
なってしまいます（教示の裏に本当の暗示を入れるということも
ありますがそれは高度な技です）。

　確かに，実際の臨床ではお話ししたような例で，「脱ぐ」という
言葉に反応して，クライエントの奥に潜んでいた感情があらわに
なったり，「止まる」という言葉に反応して，思考の動きが止まっ
てしまったりすることもあります。そしてそういう時に，クライ
エントは「なぜだかわからないけど」という反応を示します。こ
ういったことをみると，「脱ぐ」や「止まる」といった言葉が暗示
的に働いているといえるでしょう。

　しかしながら，クライエントが「脱ぐ」や「止まる」といった
言葉を過剰に意識することもあります。そういったときのクライ
エントの反応は，「先生は私にジャケットを脱がせようとしてい
る」とか「何かをさせようとしているのですか」という反応にな
ります。そういう場合セラピストとしての僕は，「いやいやそうい
うわけではなくて，仮定の話ですから」といった答え方をします。

　僕は実際，どちらの反応も「あり」だと考えています。後者の
反応は失敗例ではありません。それはどちらの反応も無意識的な
対象である衣服や貧乏ゆすりというものを，動きの背後に落とし
てしまうという目的を達成しているからです。前にお話した，意
図と結果は違ってくる，ということを思い出してください。この

目的を別にして，「脱ぐ」「止まる」に込めた意図に関しても，こういった場合実は，「こう表現したらクライエントはどう反応するのだろう」というある種の実験的意図しか僕は持ち合わせていないのです。この実験的意図にも，クライエントはたいてい応えてくれて，それが暗示的な効果を発揮しているのか，別の反応が引きだされたかの違いでしかありません。

　もし暗示を目的とするなら，それ相当の「周到さ」が必要になってきます。僕の場合，暗示を行うとすると，セラピストの意図を隠しつつ，クライエントの意識と無意識の隙間に，何らかのキーワードやミッションを「滑り込ませる（slot in）」ことを心がけ，タイミングや言葉づかいには相当気を使います。エリクソンのお話をすると，がん患者のジョーにトマトの苗を題材にして暗示をちりばめたお話は，即興ではなく，エリクソンがこの話を考えるのにまる１日かかったということを聞いたことがあります。実際エリクソンは暗示を考えるのに，何枚もの文章を最初に作り，それを削っていって短い文にしたという話が残っています。このようなエリクソンの暗示に対する慎重さを考えると，勝手な想像ですが，エリクソンが普通の即興的な臨床の中で，クライエントに，「完全な暗示」をしょっちゅう与えていたようには，僕には到底思えないのです。お話したような実験的行為の結果が暗示として働いていたのではと思っています。ですからトランス療法では，暗示的効果が予想される行為に関しては，この実験的意図を中心に考えています。これは今からお話しする，アナロジーや課題に関しても一貫している考え方ですので，よく覚えていてください。

III　アナロジー

アナロジーと相似形

　間接的であることのひとつに,「アナロジー」という方法論があります。これは簡単にいうと,類推とか言い換えというやりかたで,心理面接の技法としては,あるメッセージを同じような形を持つお話や言い方にかえて伝えていくという方法になります。これはおそらく一般の心理面接で広く行われていることだと思いますので,いまさら説明するなと言われそうですが,あえて「間接的である」ことの重要な要素としてお話しします。

　僕はアナロジーが得意で,面接ではよく用いている方法です。それは,僕にとって「簡単だから」ということにつきます。僕は以前から,心理療法の基礎として,「相似形」が大切だと考え,学生講義などではそのことを「精神分析の基礎だ」などと大見得を切って喋っていたことを思い出します。今となっては恥ずかしいことですが,クライエントの話を聞いて,それと似たような話を返して……,というだけで心理療法,精神分析などはすべて成り立つ,といった話です。理由は,乳幼児を観察していると,彼らがものごとを認知し始めるとき,決まって「似たもの探し」から入るということからきています。これは無意識の構造も相似形というのが根底にあってできあがっているという考えで,そういうことから無意識に触れていくには,相似形的なアプローチが必要だと言っていたわけです。このような考え方が,僕のアナロジーに関する考え方に大きく影響しています。

　その結果でしょうか,僕が面接で思いつくアナロジーは(アナロジーに関してはほとんどが即興です),一般的な「たとえ話」と

は少し違っています。それは，伝えるべきメッセージよりも相似形であることのほうを優先する，という点です。僕の考えの中では，メッセージが意識的な部分であるのに対し，相似形は無意識の部分です。なので，非常に感覚的に「似たような話」を探すことになります。結果的に僕がトランス療法でつかうアナロジーは，伝えるべきメッセージの部分が多少ぼやけて，どうとでも取れる形になることが多少なりともよくあります。

前にお話しした「ジャケットを脱いだ後」のアナロジーを思い出してください。再掲すると，「あなたのその白いシャツ，奥さんがかけたのか，ご自分でなさったのか，クリーニングでそうなったのか，アイロンのよくかかったシャツでもありますし，どうやって選ばれたのかはよくわかりませんが，あなたのそのきれいな水色のネクタイも，どういう感じになるのか，なかなかおもしろいことでもあります」というものですが，この場合の僕の意図は，「きちんとしておしゃれ」ということで，ジャケットを脱ぐと，というくだりを合わせて，「どんなにしていてもあなたはきちんとしておしゃれです」というメッセージです。伝わりましたでしょうか？　中には全く違う意味でとられた方もいらっしゃると思います。相似形としては，「アイロンのよくかかった」と「選んだ」がそれにあたり，それぞれが「きちんとした」「おしゃれ」に符合しています。

アナロジーの「誤読」

こういった相似形的な表現を使うと，この部分からクライアントのイメージに膨らみがでて，いい意味での「誤読」が生まれる可能性があります。相似形として符合するものは，クライアントによって多様性があるからです。もしこの話を話したクライアントが，シャツからネクタイから全部奥さんにアイロンをかけても

らい選んでもらっていたとしたら，お話ししたメッセージの他に，「妻を大切にする」とか「妻に頼っている」というメッセージとして受け取られるかもしれません。こういった形の受け取り方だと，面接室の中でではなく，クライエントが家に帰って妻に会ってから初めて，「思い出される」こともよくあることです。こちらの方がメインのメッセージよりも，断片的で伏線的でもありますから，結果的により無意識的なものにはたらきかけたことになるとも言えるでしょう。この場合「きちんとしたおしゃれ」というメッセージは，すでに意識化されていますが，ふたたび無意識的なところに落ちることもよくあり，クライエントが健忘しつつも行動だけが強調されてくることもよくあることを付け加えておきます。

　他にも，服装の「色」に反応してくるケースもあるでしょうし，「クリーニング」「アイロン」という単語に反応するケースもあるでしょう。ひょっとするとメインのメッセージ自体が読み取れず，面接の後になって気がつくか行動に反映されるケースもあるでしょう。もうお気づきの方もいらっしゃるかとは思いますが，アナロジーを構成する要素は，それに含まれるメッセージを含めて，「観察」の章でお話したように，クライエントのトランスを診て刺激することの延長線上です。つまり，クライエントの立ち居振る舞いや好みや背景事象から診てとれる無意識的なものを，相似的に置換し，その要素からアナロジーを構成します。この場合，アナロジーに含まれるメッセージはもちろん，構成要素自体が，無意識に対する刺激としてはたらきます。

多重コミュニケーション

　アナロジー自体にクライエントにとって「刺激となる」要素が含まれていると，そこから連鎖的にアナロジーのメッセージに多様性，多層性が生まれる可能性が強くなり，その要素が多ければ

より可能性は広がります。この現象が，エリクソニアン・アプローチで言う「多重コミュニケーション」となるでしょう。逆にいえば，多重コミュニケーションが成り立つアナロジーをつくるためには，観察という行為が最重要となってきます。このようにトランス療法では，多重コミュニケーションは観察―刺激の結果と考えますから，多重コミュニケーションを第一の目的とすることはおすすめしない，ということになります。

　「連想」のところでお話しした，「アネクドート」も同じように多重コミュニケーションが生じやすいモデルで，形だけをみると，アナロジーと同じような「お話」にみえることかと思います。どちらもフィクションではないということも共通しています。アナロジーとアネクドートの違いは，形ではなくその成り立ちです。アナロジーがお話してきたようにセラピストのメッセージが先にあって構成されたものであるのに対し，アネクドートはあくまでクライエントの無意識的な部分に関しての自動連想であり，セラピストの意識的なメッセージは先行しない，ということです。機能的には，どちらも刺激として働くことには違いがないのですが，アナロジーがメッセージとして意識化されやすいぶん混乱を生じやすく，アネクドートはセラピストの意識的なメッセージが含まれていないため，連想のきっかけとなりやすいということもあるでしょう。エリクソンがこのあたりを分けていたとはあまり思えないのですが，トランス療法では，アナロジーをセラピストの意図を間接的に伝えることの一環として，アネクドートを連想，とりわけ自動連想の一部として分けて考えることで，治療行為としての機能を整理しています。

アナロジーの実践

　アナロジーではよく，生物学的な現象や一般社会現象なども引

第5章 間接的であること **123**

き合いにだします。このあたりから，アナロジーの実践について少しお話ししてみます。例えば，思考が堂々巡りをしていて，本人もそのことがわかっていて苦痛になっているクライエントに，「僕はよく魚釣りに行くのですが，魚の行動をよくみてみると回遊ということがよくわかります。一定の周期で，一定のエリアをぐるぐると泳ぐのですが，泳いだ軌跡は実にさまざまです。単なる円ではないのですよ。何かそれをみていると不思議と心が和むんです。おそらく魚の本能なので，魚はそうしていると安定するんでしょうね。そこに大きな魚とかが来るとその形が崩れるのですが，それも楽しい。こちらはその大きい魚を釣りたいわけですから」といったアナロジーを話したりします。これは，いつもこの話をすると決めているわけではなく，思いついた現象を話しているわけで，当然クライエントに合わせて話します。当然魚の回遊現象と，思考の堂々巡りを相似形的に符合させているわけですが，そこの部分だけが思い付きで，あとはクライエントを観察しながらいろんな要素を加えていきます。このお話も実際のクライエントを頭に浮かべながら作ったもので，「後づけ」の要素が多分に含まれています。

　この観察による後づけの部分を少し解説してみましょう。このクライエントは「乱される」ことをすごく嫌うことから，「形が崩れる」というフレーズを入れています。また，とても「大物狙い」の面がありますので，「大きい魚を釣りたい」というフレーズも入れてあります。さらに，「個性を大事にする」傾向があるので，「泳いだ軌跡は実にさまざま」となります。このあたりは，クライエントの無意識的な部分の相似形で，観察に基づくものです。観察に基づく後づけは，断片的に話の中に挿入され，全体の生物学的現象に何らかの「変化」をつける要素になっています。

　これに対してメッセージの部分をみてみましょう。「心が和む」

というのは「安定」の言い換えで、「回遊している魚は安定している＝思考の堂々巡りは安定の反映」というメッセージの一部です。思考の堂々巡りは、気分が安定した状況であれば「楽しい」もので、例えば買い物をしている時に、「ああでもない、こうでもない」と思考が堂々巡りすることは楽しいものです。思考の堂々巡りは、うつなど気分が不安定な時に体験すると苦痛なだけで、コンディションによって感じ方が変わる体験ですので、そのことも「メッセージ」として入っています。このように、メッセージのところは、生物学的・社会心理的現象の枠に入っていることになります。

　まとめると、僕の場合はメッセージの部分と観察による後づけの部分で、文脈の方向性を少しかえて、ひとつのアナロジーにすることを自然にやっています。これは癖のようなものですが、もともとの僕の考え方から理由付けすると、前者がメインの文脈で後者がサブの文脈というふうに分けているといえます。このアナロジーにクライエントから、「よくわからないんですけど」と質問されたら、「よくゴルフの練習に行くんですが、周りの人も僕も、何十球、何百球と球を打つんです。ゴルフのスイングはひとつですから、同じことをそれだけ繰り返していることになります。これがまた楽しいんです。いい年こいて、皆そうなんですよ」という風に、メインのメッセージに的を絞った答えを返すと思います。このことで、お話した理由付けからは、素直にいけば、メインはメインらしく意識にのぼってくる一方で、サブはサブとして無意識のほうに沈んでいくと思います。

　もう少しこのあたりを突っ込んで考えれば、やり取りの中でメインのメッセージは意識にのぼってくるわけですから、あまり無意識とは関係がなくなってきます。ただ、メッセージ自体はクライエントの意識の文脈・言葉と無意識的な部分から読み取られ、構

成されたものです。この例でいけば「堂々巡りは楽しい」となりますね。これをよく考えて思い出していただきたいのですが，観察の章でお話した「無意識的なセオリー」の形をとっていますね。要するに「堂々巡りは楽しくてもいいのではないか」という提案をクライエントに行っているわけです。トランス療法では，アナロジーで示されるメッセージはこの無意識的なセオリーの形をとるようにお勧めしています。それは以下のような理由によります。

　このメッセージがクライエントに意識されると，第2章でお話ししたように，「混乱」がおこってきます。意識的な文脈とは違うので，当然のことです。混乱は解離をうみますので，セラピーはすすんでいきます。混乱がおきず，素直にこのメッセージが受け入れられたなら，すでにクライエントに「変化がおこっている」ということになるでしょう。メッセージが意識されない場合，話の意味自体を考えたり，断片的に話されたサブの文脈に目がいったりするでしょう。これはすなわち没入で，連想が生まれてくることが期待されます。仮にアナロジー自体が無視されたにしても，言葉は伝わっていますから，時間をおいて混乱や連想が出てくるかもしれません。つまり，無意識的なセオリーであるクライエントへのメッセージは，それがどのように受け取られても，クライエントの反応に追従していけば，アナロジーを通して混乱や連想を生みだすわけです。

　トランス療法でのセラピストの仕事は，クライエントを観察しつつ刺激を与え，連想や混乱といった反応がでたらそれに追従していくことです。その意味ではトランス療法は，「追従モデル」といえるでしょう。追従モデルであるからこそ，クライエントの自由度が高く，次の章でお話しする「何か」がクライエントに生まれてくるのです。

126 やさしいトランス療法

第6章

トランス療法の帰結

Something else

Ⅰ　トランス療法の実際

何かがうまれること

　この最後の章では，OASIS の S（Something else；何か）についてお話ししていきます。これは「何かがうまれる」ということで，うみだす主体は当然クライエントです。では，クライエントは何をうみだすのでしょう。

　これはこの本の冒頭でもお話したように，「クライエントが何か仕事をする」ということにつきます。その形は具体的な何かの行動であったり，着想であったりするわけですが，それは，誰かに何かを話すことや，ちょっとした思いつき，最近触っていなかったピアノを弾いてみる，といった小さなことから，職場を変える，離婚する，考え方を変えて新しいことをする，というような大きなものまでさまざまなものがあると思います。トランス療法で経験されるこれらの帰結は，何らかのテーマに沿っているわけでもなく，何かの解決や答えというものではありません。もちろん結果的にそうなることもありますが，そうではない，クライエントが意識していなかったことや，想定していなかったことのほうが多くなります。これはトランス療法が，クライエントが普段意識

第6章　トランス療法の帰結——Something else　**127**

していない無意識の部分に触れていくプロセスをとっているので，当然のことでもあります。

　連想にしろ，混乱による解離にしろ，アナロジーにしろ，トランス療法のアプローチはすべて無意識への刺激で構成されています。ですから，刺激を受けてクライエントが何かをするにしても，それが「こうしなければならない」「ああするんだ」といった意志的なものにはならず，「こうしてもいい」「ああすることもある」という許容的な形になって，連鎖的に広がっていくことになります。そしてそれらは，すべてクライエントの中からでてくるものです。

　こういったトランス療法の帰結を，2つのケースを通してみてみましょう。どちらも上司との葛藤とうつが主訴です。ケースに関しては2つとも実際のケースとのやり取りと帰結をもとに構成した架空のケースとなっています。モデルとなったクライエントには，掲載の許可をいただいています。なおここでは，帰結がテーマですので，連想や混乱などの細かなプロセスとアネクドートやアナロジーの内容については，ごく簡単に概要だけをお話しすることにします。

ケースその①

　最初のケースです。

　30代の男性で，うつ状態がひどくなり，休職状態で来られたクライエントがいました。来られた時の状態はうつがかなりひどく，会話も断片的で，まさに青息吐息といった状態でした。ずっと両親との関係の問題を引きずっておられたとのことで，そのことが「原因」とも考えておられたようです。以前もこのクライエントにはお会いしたことがあり，その時は投薬を主としたお付き合いで，不眠が強く，気分調整薬を試しましたが，気分の不安定

さは続き，「薬は飲んでも飲まなくても一緒」という感想を持っておられました。この時も「薬は飲みたくない」といったことで，何らかの心理療法を希望されていました。また，上司への反発もあり，「傷つけられた」と話しながらも，「世話になったから」とも話され，煮え切らない状態にあるのがわかりました。また「自分を完全にしなければという思いが強い」とも話されました。

　クライエントの談話も含めよく観察すると，全体の疲労感の割には自らの断片的な話に没入する傾向がみられ，自らを責める割には，「浸っている」感じが強くみられました。こういったところから，連想のプロセスが可能と考え，「メディアを使った連想」を始めました。

　最初に，「みえないもので悩んでいるようですから，具体的に話をしていきましょうか」と，２本のペットボトルを前に置き，それらに赤鬼と青鬼という名をつけ，問題を２つに分けて連想をはじめました。このシチュエーションは「うつ」の心理状態，すなわち２つの問題に同時に取り組もうとしていることの具現化です。「鬼」という言葉は，会話の中ででてきた，「鬼のように……」というクライエントの言葉のユーティライゼーション，ペットボトルはメディアです。問題の分け方はクライエントにまかせました。この方法は何かを狙ったわけではなく，うつで考えが進まない中でも連想をすすめるために刺激を与えるためのひとつの実験です。

　そして，２つの鬼それぞれからの連想を行い，全体でみると理想と現実が「戦っている」というイメージに集約していったので，２つの鬼の間がどのような戦いなのかを連想していきました。そこに「どちらが強いか」「赤と青との違いは」等の質問をしながら僕自身も連想をすすめ，「鬼は想像の中のいきものですが，いろんなネガティブな感情を，鬼という存在にしたりして……，人間はそれが必要だったのでしょうね」「前にも同じようなことをして，

第6章　トランス療法の帰結——Something else **129**

箱庭を使ったんですけど，こうやって赤鬼とか青鬼とか分けると いろんな方向から考えることも，いろんな感じ方をすることができるんですよね，例えば……」といったアネクドートや，「鬼は最初から鬼ではなかったんです，心の中のいろんなものが角をはやすとか，そうさせたのでしょう」「戦っているので，いろんなものに助けてもらうのは必要ですね」といったアナロジーを話しました。アネクドートやアナロジーはもう少し長いお話でしたが，僕自身も没入が進んでいたせいか，詳しい内容は覚えていません。

　「戦い」ですので，クライエントと話しながら，赤鬼と青鬼の位置を変えながら，連想のやりとりを続けるうち，クライエントから，「僕が悩んでいること（完全主義）は幻ですか？」「幻と戦っている」という連想がでてきたところで，メディアは取り除きました。ひとつのキーとなる連想がでてきたのがそうした理由です。幻というのは自動連想にもみえますが，アナロジーへクライエントが反応した結果です。もちろん問題に関しては何の解決もついていません。

　そのあと，うつの症状についていろいろと話すうち，「今は鈍いかもしれませんが，いろんなことを感じられるといいですね」との僕の問いかけに，「考えるより感じろ，ブルース・リーですね」との自動連想がでてきました。連想がすすんでいると，こうやって後づけで自動連想がでてくることもあります。その言葉を聞いて，最後に僕は「何かわからないけど整理がついたかもね」と言い，クライエントは「何かが動き出した」と言いました。もちろんブルース・リーのこの言葉を僕は知らなくて，この時初めて知りました。

　そのあと，話の中でのアナロジーの続きとして，「上司と話してみる」という課題を出しましたが，「やれるかどうかわからない」ということでした。

次の面接では，クライエントは自覚的には「何も変わっていない」と訴え，課題もやってこられませんでした。しかしながら明らかに自発語が増え，抑うつ感が薄れ，はっきりとした表情，話しぶりとなっていました。前回の面接で何を話したかは全般的に全く覚えておられず，赤鬼と青鬼の話を振ってもほぼ健忘されていて，「でしたっけ？」という程度の反応でした。ただ，表情の変化や全体の雰囲気が「動き出し」，改善に向かっていると伝えたところ，非常に喜んでおられました。それ以上は細かいところや背景事象の話はせず，「人間の意識の範囲は実は狭くて，他人のことはよくわかるけれども，自分のことはよくわからないといった特徴があります」「わからない中で自分を動かしている『何か』があるのかもしれません」「何かに従うことで何かが得られることもありますよね」などといったアナロジーをお話ししたところ，服薬を希望されたので，以前はあまり「効かなかった」気分調整薬を処方してみました。課題については「まあ機会があったら」と，軽く触れる程度にしておきました。

　その後の経過で，拒んでいた薬も飲み始め，効かなかった薬も効きだしたのか，うつ状態は改善に向かっていきました。その時点で赤鬼と青鬼の話も少し思い出されたようで，「イメージは残っている」とのことでしたが，内容については覚えておらず，「無理して思い出そうとは思わない」と話されました。僕もそれを掘り下げて，自分自身で思い出してそれを今後また再び話す気も，体験を共有する気も，ましてやユーティライズする気もさらさらありませんでした。要するに「手をつけない」ことを意識して（秘密にするということです），ひたすら「体調」のことをお話していきました。課題については実行を強要せず，「何かをすることよりも，何かをしないことを考えるように」という課題に切り替えました。この時点でのクライエントの仕事は「薬を飲んで養生す

第6章　トランス療法の帰結——Something else　**131**

る」ということでした。

　こういったことが続く中で，クライエントは「新たな仕事」を始めました。

　クライエントは，「トレーニングジム」に通い始め，それがきっかけだったのか，懸案だった上司とは縁を切り，仕事を辞め，両親の紹介で新しい仕事を始めました。そのことを当然のように話されました。そして，それまで住んでいたところをきれいに「片づけて」，新しい部屋に住み始めました。体力もついて，両親とも仲良く，うつもほぼ軽快しました。赤鬼青鬼の話も結構思い出すようで，「幻と戦っていた」「視野が狭かった」と振り返られます。「今までになくいい調子」とのことで，一連のサイコセラピー的なアプローチは終了としました。

　このケースでのクライエントは，初回面接以後はあまり芳しくない状態が続き，ずっと後になって「自分の仕事」を始めています。自動連想からの影響も，アナロジーからの連想も少しずつでてきています。上司と縁を切り新しい仕事を始めるという大胆な結論と行動も，スムーズに「当然のこと」として成し遂げています。

ケースその②

　もうひとつのケースです。

　仕事に関して悩みを持つ 40 代の会社員男性です。仕事上であるミスをして，上司から叱責され，「自分の生き方」や「仕事のやりかた」に自ら疑問をもち，来談に至っています。初回面接では，全体の緊張が強く，気負いのようなものや，生真面目さが前面に出た立ち居振る舞いが目立ちました。そういうことと，かなり責任を負わされているという背景事象から「意識的であろう」とする姿勢が強く感じられました。

悩みの性質と意識的であろうとする性質からか，ご自分の今までの生活史，仕事のやり方，人間関係のとりかた，上司に対しての尊敬と反発という複雑な心境などをかなり細かく，内省しながら話されました。僕は話を聞きながら，クライエントの立ち居振る舞いや談話を観察し，無意識的なところを診ながら，「体が止まってきましたね」「何か頭の中に浮かんでいるみたいですね」などの刺激を与え続けました。

また，「僕だったらそういう状況ではうつになってしまいますね」と僕自身のうつ体験を交えながらうつについての話もしました（アネクドート）。また上司については，クライエントの悩みは当然とした上で，「とても生真面目な人はどうしても相手の意に沿うとかそんなことを考えてしまいますが，僕らは動物ですのでやはり好みというのがありますよね」というアナロジーも話しました。そうしているとクライエントのほうから「鎧を着て生きてきたみたいなんですよ」という連想がでてきました。それを受けて僕は「鎧に自分の体が磁力かなんかでぎゅっと吸着されることもありますよね」「肉がびたっと張り付いてはがすのも痛い」「動くのも苦痛ですよね」といったアナロジーで返しました。

そういったやりとりでクライエントは没入が強まり，深いため息や遠くを見るような仕草がみられました。そして，「僕は長い間うつだったんですね」と深くため息をつかれました。それからひととおり，それまでの症状を確認し，「やはりうつだったんですね」とクライエントが確認したところで「ここで終わりです」と面接を終わりました。クライエントは「ここで終わりですか！」と狼狽されひどく混乱されていましたが，「通常僕の面接はここで終わりなんですよ」とお話しすると，少しの間呆然とされ，「いや，腑に落ちたというか，すっきりしました」との言葉を残され1回目の面接は終了しました。

第6章　トランス療法の帰結——Something else　**133**

　最後のくだりは，クライエントのそれまでの意識の挙動を視て，「うつ」という連想に彼が意識的な説明を加えようとしておられたことは明らかでしたので，「ここで終わり」という刺激を与える，つまりクライエントの予定調和的意識をかき乱した（shake）ことになります。結果的に混乱から解離がおこり，それが収拾し「うつ」に収まったプロセスであることはいうまでもありません。そしてその前の大半のやりとりについては，大まかなことは覚えていらっしゃったのですが，かなりの部分で健忘がみられました。

　このように最後に混乱が生じるようなやりとりは，突き放したようにもみえますが，そうではありません。ドゥ・イット・ユアセルフ，後は彼の仕事というメッセージです。長い間のうつ「だった」ので医学的にもそれ以上の治療はできない，ということを付け加えておきましょう。

　2回目の面接では，かなりリラックスした様子で，「なんとなくほっとした」と話されていました。また，仕事のやり方自体が変わったと言っておられたので訊いてみると，「マニュアル通りにやらないことが多くなった」とのことでした。面接の中では，「2つ以上の問題を抱えるとうつになる」というお話と，「自己満足をすること」ということをテーマに簡単なアナロジーを交えながらお話をして面接を終了し，いったん終結としました。

　その後ずいぶんたってからクライエントに連絡したところ，「ずいぶん楽になった」とのことで，仕事も順調であるとのことでした。上司との関係も特に気にする様子はありませんでした。

　このケースでのクライエントは，意識的には何かをしているわけではありませんが，自分の過去を「うつ」という枠に「収める」ことで，現在，そして未来の自分の枠が外れ，ずいぶんと楽にものごとをすすめられるようになられたようです。これはクライエントが最初に「うつだったんですね」と発想された時点で，「洞察

がおこった」というようにもみえますし，実際そうだともいえますが，この場合はそれでは不十分でした。この時点ではセラピストのメッセージへの反応にすぎず，クライエントは自ら仕事をしていません。仮に面接の最後で，混乱−解離というプロセスを経なかったならば，そのあとの気持ちの持ちようや行動は違ったものになった可能性があります。

　混乱−解離というプロセスを経ることで，それを収拾するためにクライエントは意識的にも無意識的にも自ら仕事をすることになります。短時間のプロセスですがその中で，クライエントは無意識的にセラピストのメッセージの取捨選択を行い，「うつ」という枠組みを再び採用しました。

　取捨選択の中で「好き嫌いをはっきりさせる」というメッセージは残ったようです。それは，次の面接，もしくはそれ以降その中で，「マニュアル通りにやらなくなった」ということから，自分の好き嫌いをはっきりさせていくという課題に，無意識的に取り組んでいらっしゃることからもよくわかります。

ケースのプロセスと帰結

　この２つのケースについて皆さんはどう思われたでしょうか。
　かんたんに振り返れば，１つ目のケースは，連想−没入というプロセスを通じて，自分のうつの治療および生活というテーマに関して，適切な選択をし，自ら行動を起こし仕事をしています。２つ目のケースは連想も用いていますが，重要なのは混乱−解離からそれを収拾するプロセスで，普段はできなかった「過去をある枠に収める」という仕事をしていますし，無意識的な課題に取り組む結果となっています。

　両者ともに「うつ」がテーマですが，１つ目のケースでは，うつは治療の対象でもあり，連想の源（赤鬼，青鬼）でもありまし

第6章　トランス療法の帰結──Something else　135

た。2つ目のケースでは，うつは過去の出来事を収める箱のような存在です。これは言うまでもまく，症状のユーティライゼーションで，セラピストが企図するものでもあり，クライエントが自ら選択し使うものでもあります。

　ケースの紹介では概要だけお話ししましたが，アネクドートやアナロジーはクライエントに何らかの，きっかけ，メッセージ，ヒントなどの情報を与えています。与えたものの中から，クライエントは何かを選択し，行動や考えに反映させてくれます。1つ目のケースでは，おそらく，自由，幻，援助，感覚，肉体，別れ，あきらめなどの情報をクライエントは選択し，意識的な考え（「幻と戦っていた」「視界が狭かった」など）や無意識的な行動（ジムに通う，上司と別れる，部屋を片付ける，両親と和解する，など）として表現されています。2つ目のケースでは，「うつだった」という意識の気付きの他に，少し変則的ですが，「マニュアル通りにやらない」という無意識的な行動に表現されています。これは「鎧」の逆説で，逆説的な行動はよりクライエントの自律性が反映されていると考えています。

　ケースをよくみるとおわかりのように，アネクドートやアナロジーから得られる情報は，ほぼすべてが，クライエントが持っているものや願望の中にあるもののフィードバックになります。ユーティライゼーションももちろんそうです。1つ目のケースにある課題（課題に関しては後述の理由があってトランス療法では詳しく説明していません）もクライエントの上司に対する嫌悪の逆説です。

II　帰結へむかう考え方

ゴール不要

　連想をする，かき乱し秘密をつくり混乱をおこすことはセラピストの計画です。それに伴いユーティライゼーションやアナロジーを使うことはセラピストの工夫です。一方，それから情報をよみとり，あらたな考えや行動をつくっていくのはクライエントの意識，無意識をつかっての仕事です。このように考えますから，トランス療法では当然，治療ゴールの設定をしたりすることはありません。説明してきたように，その情報はクライエントが持っているものですから，必然的にあらたな考えや行動は，教えられたものとは違って，クライエントにとって無理のない，ちょうどいいものにおさまっていきます。そしてそれは，トランス－無意識を通しているがゆえに，セラピストにもクライエントにも予測のできない何か（Something else）となるのです。

追従モデル

　いかがでしょうか。つまるところセラピーの帰結が，クライエントにとって押し付けられた唯一の選択（Single choice）とならず，クライエントが自ら「何か」の仕事をすることが，OASIS（オルタナ OASIS）の帰結になります。

　OASIS モデルをざっと振り返ってみると，前章でもお話ししたように，これがクライエントの「反応」に基づく，「追従モデル」となっていることがおわかりいただけると思います。追従モデルとは，セラピストから発せられた刺激に対するクライエントの反応によって，セラピーの組み立てがなされていくことが前提にな

第6章　トランス療法の帰結——Something else　**137**

るということです。そのプロセスでクライエントが持っている自然なトランスが活性化され，活用されていくのがトランス療法の本質です。

　追従モデルとしてのトランス療法は，僕がエリクソンやエリクソニアンの記録をよみ，考え，影響を受けながら，日本語の臨床として実践してきたことで，自然なトランスを活用していくための，僕なりの基礎となっています。ただこれはそのすべてではありません。

　トランス療法は，エリクソンのセラピーで重要な要素となっていると考えられる，クライエントの行動予測，つまり予見性の部分をほぼすっぽりと抜いたものになっています。エリクソンの予測や予見というものは，もちろん字面通りの意味も含んでいますが，姿勢や立場という意味，つまり「予見的立場」ということも大きく含んでいます。

　この予見的立場を入れると，暗示，課題などの行為が生じてきますし，実験的な姿勢もより鮮明になってきます。連想や混乱にも当然影響してきます。それは，追従モデルというより「先取りモデル」ということになり，かなり趣がかわることになります。先取りモデルは，エリクソンの「ストラテジー」として知られているところにも合致してきます。

　ただここを先に考え実践してしまうと，ともすれば危険なことにもなりかねません。予測や予見は，それが正確にクライエントの内面や行動をとらえていれば強力な介入となりますが，外れてしまうことも多くあります。それに対処するには，その精度を上げていくか，もしくは外れた時の対処を知っておかねばなりません。

　エリクソンはその両方が優れていたと考えられます。しかしながら彼が，先取りをあらゆるケース，シチュエーションで優先さ

せていたとは思えないし，そういったことよりもむしろ，彼のセラピーの基礎として，追従がかなり綿密に実践されていた，というのが僕の考え方です。そして，先取りの帰結は，「当たった」という唯一の選択になりがちですが，そうではなく「クライエントが自ら何かをする」になっているというのが，エリクソンのセラピーの肝要なところだと思います。

したがって，追従モデルとしてのトランス療法を最初に皆さんにお話しました。先取りモデルに関しては，「ストラテジック・トランスセラピー」「エリクソン的心理療法」として，すでにさまざまなワークショップやセミナーで少しずつお話を始めていますし，この本の続編としていずれ皆さんにお届けする予定にしています。

よりよい帰結のために

トランス療法のお話はいかがでしたでしょうか。結構小難しいところもありますから，本のタイトルの「やさしいトランス療法」というのは嘘じゃないか，と思われる方もいらっしゃると思います。

しかしながら，皆さんに僕がこの本でお話した一部分でも実践していただき，自然なトランスに慣れ親しんでいただくと，帰結である「何か」が生じてくる可能性がぐっと高まってくると思います。たとえば，連想だけでもやっていただくとか，混乱をおこしてみるとか，ストレートな言い方をアナロジーにかえてみるとか，そういうことだけでもトランスは身近になり，クライエントに思わぬことがおこってくるかもしれません。観察も，お話ししたのは僕なりのまとめかたですから，参考にしていただくだけで結構です。皆さんなりの観察のやりかたがきっとあるはずです。他のことに関しても同様ですね。そういう意味での「やさしいトランス療法」です。

第6章　トランス療法の帰結──Something else

　そうやって皆さんなりのトランス療法を作っていただければ本望です。そしてそれを皆さんの日頃の臨床に少しでも取り入れていただくと，それが潤滑油のように働き，皆さんの臨床がきっと豊かになると僕は考えています。自然なトランスは決して怖くありません。

　大事なのはクライエントの自然なトランスを発見し，それを通じてクライエントが自ら何かをできるようにすることと，その「何か」を縛らないことです。

　最後にエリクソンの言葉を紹介します。

　「決して僕の真似はしないように」

参考文献

Ellenberger, H. F.（1970）*The Discovery of the Unconscious: The History and Evolution of Dynamic Psychiatry.* New York: Basic Books.（木村敏・中井久夫監訳（1980）無意識の発見：力動精神医学発達史. 弘文堂.）

Erickson, M. H.（1954）Pseudo-orientation in time as a hypnotherapeutic procedure. *Journal of Clinical and Experimental Hypnosis,* 2, 261-283.（森俊夫・瀬戸屋雄太郎訳（2002）催眠療法における一方法としての時間の偽定位. 現代思想, 30(4), 130-154.）

Erickson, M. H. & Rossi, E. L.（1989）*The February Man.* New York: Taylor & Francis Group.（横井勝美訳（2013）ミルトンエリクソンの二月の男：彼女はなぜ，水を怖がるようになったのか. 金剛出版.）

Haley, J.（1973, 1986）*Uncommon Therapy: The Phsychiatric Techniques of Milton H. Erickson.* New York: W. W. Norton & Company.（高石昇・宮田敬一監訳（2001）アンコモン・セラピー：ミルトンエリクソンのひらいた世界. 二瓶社.）

Haley, J.（1985）*Conversations with Milton H. Erickson, M. D. Volume I: Changing Individuals.* New York: W. W. Norton & Company.（門前進訳（1997）ミルトンエリクソンの催眠療法：個人療法の実際. 誠信書房.）

Haley, J.（1985）*Conversations with Milton H. Erickson, M. D. Volume III: Changing Children and Families.* New York: W. W. Norton & Company.（森俊夫訳（2001）ミルトン・エリクソン子どもと家族を語る. 金剛出版.）

神田橋條治（2011）技を育む. 中山書店.

松木繁（2005）催眠の効果的な臨床適用における治療関係のあり方をめぐって―「治療の場」としてトランスが機能するためのいくつかの条件. 臨床催眠学, 6, 22-25.

松木繁編（2017）催眠トランス空間論と心理療法―セラピストの職人技を学ぶ. 遠見書房.

森俊夫（2015）ブリーフセラピーの極意. ほんの森出版.

森俊夫ほか（2017）森俊夫ブリーフセラピー文庫②効果的な心理面接のため

に―心理療法をめぐる対話集．遠見書房．

中島央（2008）Erickson の催眠に関するひとつの推理．臨床心理学, 8, 22-28.

中島央（2012）日々の臨床で診ている意識，ことば，からだの微妙な関係．シンポジウム「意識・からだの諸相を活用した臨床とその周辺」．日本催眠医学心理学会第 58 回大会（東京）．

O'Hanlon, W. H.（1987）*Taproots: Underlying principles of Milton Erickson's Therapy and Hypnosis*. New York: W. W. Norton & Company.（森俊夫・菊池安希子訳（1995）ミルトン・エリクソン入門．金剛出版.）

O'Hanlon, W. H. & Hexum, A. L.（1990）*An Uncommon Casebook*. New York: W. W. Norton & Company.（尾川丈一・羽白誠監訳（2001）アンコモンケースブック．二瓶社.）

O'Hanlon, W. H. & Martin, M.（1992）*Solution-oriented Hypnosis: An Ericksonian Approach*. New York: W. W. Norton & Company.（宮田敬一監訳，津川秀夫訳（2001）ミルトン・エリクソンの催眠療法入門．金剛出版.）

Rosen, S.（1982）*My Voice Will Go with You: The Teaching Tales of Milton H. Erickson*. New York: W. W. Norton & Company.（中野善行・青木省三監訳（1996）私の声はあなたとともに：ミルトンエリクソンのいやしのストーリー．二瓶社.）

高田明典（1997）知った気でいるあなたのための構造主義方法論入門．夏目書房．

White, M. & Epston, D.（1990）*Narrative Means to Therapeutic Ends*. New York: W. W. Norton & Company.（小森康永訳（2003）物語としての家族．金剛出版.）

Zeig, J. K. & Munion, W. M.（1999）*Milton H. Erickson*. London: SAGE.（中野善行・虫明修訳（2003）ミルトン・エリクソン：その生涯と治療技法．金剛出版.）

中島　央（なかしま・ひさし）

精神科医・臨床心理士，有明メンタルクリニック院長
1965年熊本県人吉市生まれ。1997年熊本大学大学院医学研究科卒。医学博士。熊本大学医学部助手，熊本県精神保健福祉センター所長，医療法人横田会向陽台病院院長等を歴任後，2018年6月より有明メンタルクリニックを開院。ミルトン・エリクソンに影響を受けたサイコセラピーの実践・研究を専門とする。2011年日本ブリーフサイコセラピー学会学会賞受賞。主な著書に「心理療法がうまくいくための工夫」（金剛出版，2009，共著），催眠トランス空間論と心理療法―セラピストの職人技を学ぶ（遠見書房，2017，共著）などがある。

やさしいトランス療法（りょうほう）

2018年5月31日　第1刷
2024年1月10日　第1刷

著　者　中島　央（なかしま　ひさし）
発行人　山内俊介
発行所　遠見書房

〒181-0001 東京都三鷹市井の頭2-28-16
TEL 0422-26-6711　FAX 050-3488-3894
tomi@tomishobo.com　https://tomishobo.com
遠見書房の書店　https://tomishobo.stores.jp

ISBN978-4-86616-049-8　C3011
©Nakashima Hisashi　2018
Printed in Japan

※心と社会の学術出版　遠見書房の本※

無意識に届く
コミュニケーション・ツールを使う
催眠とイメージの心理臨床　　松木　繁著
松木メソッドを知っているか？　催眠を知ればすべての心理療法がうまくなる。トランス空間を活かした催眠療法とイメージ療法の神髄を描く。附録に催眠マニュアルも収録。2,860 円，A5 並

催眠トランス空間論と心理療法
セラピストの職人技を学ぶ
松木　繁編著
「催眠」を利用する催眠療法や壺イメージ療法，自律訓練法，そこから派生した動作法，家族療法，フォーカシングなどの職人芸から，トランスと心理療法の新しい形を考える。3,520 円，A5 並

臨床力アップのコツ
ブリーフセラピーの発想
日本ブリーフサイコセラピー学会編
臨床能力をあげる考え方，スキル，ヒントなどをベテランの臨床家たちが開陳。また黒沢幸子氏，東豊氏という日本を代表するセラピストによる紙上スーパービジョンも掲載。3,080 円，A5 並

ブリーフセラピー入門
柔軟で効果的なアプローチに向けて
日本ブリーフサイコセラピー学会 編
多くの援助者が利用でき，短期間に終結し，高い効果があることを目的にしたブリーフセラピー。それを学ぶ最初の1冊としてこの本は最適。ちゃんと治るセラピーをはじめよう！ 3,080 円，A5 並

森俊夫ブリーフセラピー文庫①〜③
森　俊夫ら著
①心理療法の本質を語る，②効果的な心理面接のために，③セラピストになるには──アイデアと感性で，最良の効果的なセラピーを実践した故 森俊夫の語り下ろし&座談会を収録。①巻 2,420 円，②巻 2,860 円，③巻 2,970 円，四六並

来談者のための治療的面接とは
心理臨床の「質」と公認資格を考える
増井武士著
心理面接はどうあるべきなのか？ その質を担保する「資格」「資質」はいかにあるべきか？　新たな 10 年を見据える心理臨床の実践論。神田橋條治先生，激賞の1冊。1,870 円，A5 並

呪医と PTSD と幻覚キノコの医療人類学
マヤの伝統医療とトラウマケア
（和歌山大学名誉教授）宮西照夫 著
伝説的シャーマンの教え，呪医による治療，幻覚キノコの集会……。マヤの地における呪医とキノコとトラウマケアをめぐるフィールドワークの集大成，著者渾身の一書。2,530 円，A5 並

読んでわかる やって身につく
解決志向リハーサルブック
面接と対人援助の技術・基礎から上級まで
龍島秀広・阿部幸弘・相場幸子ほか著
解決志向アプローチの「超」入門書。わかりやすい解説＋盛り沢山のやってみる系ワークで，1人でも2人でも複数でもリハーサルできる！ 2,420 円，四六並

システムズアプローチの〈ものの見方〉
「人間関係」を変える心理療法
（龍谷大学教授）吉川　悟著
家族療法，ブリーフセラピー，ナラティヴの実践・研究を経てたどりついた新しい臨床の地平。自らの 30 年前の冒険的な思索を今，自身の手で大きく改稿した必読の大著。5,060 円，A5 並

〈フリーアクセス〉〈特集＆連載〉心理学・心理療法・心理支援に携わる全ての人のための総合情報オンライン・マガジン「シンリンラボ」。https://shinrinlab.com/

価格は税込です